U0137095

鵝湖蔚理文叢02

法律的
客觀性
及其敵人

臺灣大學法學博士

呂榮海律師 著

蘇軾說：「人勝法，法為虛器；法勝人，人為備位；
唯人法併行而不相勝，則天下安。」

《法律的客觀性及其敵人》
二○二四年新版序

　　余年少在臺灣大學法律學系學習法律，在上法理學楊日然教授、林文雄教授的法理學課程時，即喜歡思考他們所講的「客觀性」、「法的價值論」、「價值相對主義」、「價值絕對主義」、康德與黑格爾的區別、「內容可變的自然法」等問題，並延伸廣泛探討社會科學的客觀性問題，乃努力寫文章，於二十五歲時，由龍田出版社出版《法律的客觀性科學性》一書，之後再版縮短書名為《法律的客觀性》，由蔚理出版公司出版。

　　之後，不斷有人跟我提起這本書，表示不少人關心這些課題，尤其進入二十一世紀，電視上的名嘴、不同政黨的政治人物、不同「顏色」的教授、不同陣營的選民，甚至海峽兩岸、中美之間、俄烏之間、拜登川普（特朗普）之間，講話多有「立場」，大大影響「社會科學的客觀性」，倘受過「客觀性」的訓練，則能提醒自己以客觀性警惕自己，在這「紛亂世界」中如何判斷、如何自處？這

些「客觀性問題」及Karl Popper 以「間主觀（互爲主觀）批判的可能性」作爲客觀的指標，竟與我於五十五歲始發現西元1175年呂祖謙邀集朱熹、陸九淵於鵝湖書院溝通理學、心學之「間主觀」一致，融會了東西方，有如陸九淵所云：「東海有聖人出，此心同也，此理同也；西海有聖人出，此心同也，此理同也……」。

乃一直思考再版此書。惟因工作忙碌，未能完成。

近年來減少部分工作，乃得做增訂再版的新工作，再加以四十年的律師經驗及對傳統文化「儒」、「法」二家的體驗，感覺「法律的客觀性」存有許多敵人，於是仿效我年輕時代即喜歡的Karl Popper 的名著《開放的社會及其敵人》（Open Society and Its Enemies）一書，自第17篇至28篇，補寫了客觀性的敵人，而第29至31篇，則以宋儒／鵝湖之會融合的理學、心學，再融會現代法學，作爲結尾，成爲《法律的客觀性及其敵人》新版。

是爲2024 年新版序。

臺大法學博士 呂榮海律師（序於臺灣鵝湖書院）

2024/3/24

序

重視法律的客觀性

最近，社會中發生許多事件、以及個人執行律師業務過程中，發現許多問題，促使作者再度對「法律的客觀性」問題，加以相當的沈思。

例如，支票退票的刑罰於76年1月1日被廢除，最近，並「溯及既往」的放出許多受刑人，我個人自始至今是贊成「支票」不罰的，但是，引起我的興趣的倒是，為什麼當初支票刑罰一而再、再而三的加重，現在竟「變更」為完全不罰，到底那一種情況，才代表正義？而重罰與不罰的「民意代表」，竟然絕大多數都是同一批人（不需改選）。法律到底有沒有客觀性？如果有的話，它在那裏？

林洋港上任司法院長後，司法革新是最近的熱門課題。到底法官適用法律有沒有客觀性？在理論上，除了賄賂、關說以外，到底有那些因素影響法律的客觀性？相信執業律師，每個人都有他深刻的體驗。

十年來，作者對於這些問題均深感興趣，並於一九八一年由龍田出版公司為作者出版了本書。不久即售完，但因故並未再版，此後數年，不斷遇到法律系學生與作者提到這本書，至少，可以想見，有許多人對於這樣的題目與題材，深感興趣。

在這種情勢下，本書的增訂再版，乃有了它的意義。

呂榮海　律師

目　錄

出版緣起 ……………………………………… *2*

序 ……………………………………………… *4*

1 法律活動中的科學精神 ……………… *10*

- 科學與反科學 *12*
- 科學從哲學中成長的意義 *13*
- 規範與規範上的法律科學活動 *13*
- 其他規範對法律的意義 *14*
- 為法律「高度科學化」而努力 *15*

2 法律與批判的可能性 ……………… *18*

- 批判的可能性與自然科學 *20*
- 批判可能性與法律學 *22*

  法律、正義與批判可能性 / 立法、法律修正與批判可能性 / 實證法、自然法與批判可能性 / 概念法學、自由法論與批判可能性 / 「惡法亦法」與批判可能性 / 判例、判決、民刑庭總會決議的拘束力與批判可能性

- 透過批判，了解更精確的知識 *31*

3 法治國家與批判可能性 ……………… *36*

- 法治國家的保障機能與批判可能性 *38*
- 法治國家之特徵與批判可能性 *41*

  權力分立與批判可能性 / 依法行政與批判可能性 / 平等原則與批判可能性 / 司法保護與批判可能性

4 法之明確性 ……………………………… *54*

- 概說 *56*

- 法律統一與法之明確性 *58*
- 法律漏洞與法之明確性 *59*
- 不確定法律概念與法之明確性 *00*

  不確定法律概念與裁量的區別 / 不確定法律概念不能避免之原因 / 從抽象化的過程看不確定法律概念 / 從規範之一般性看不確定法律概念 / 本文對不確定法律概念的態度
- 裁量與法之明確性 *65*

5 法之可預測性 ····························· *70*
- 法治國家之保障機能與法之可預測性 *72*
- 法之可預測性、安定性與批判可能性 *73*
- 影響法之可預測性的因素 *73*

  法之明確性 / 委任立法 / 判例的拘束力 / 不溯及既往原則 / 法之實效性 / 事實認定之客觀性
- 法之可預測性與信賴保護原則 *79*

6 法解釋學上客觀性之問題 ···················· *82*
- 法律家是何等霸道！ *84*
- 法律科學的認識與客觀性 *84*

  什麼是客觀性 / 把「互為主觀的批判可能性」當做客觀性
- 社會科學的價值判斷與客觀性 *87*

  韋伯所謂「價值中立」的要求 / 社會科學認知的困境
- 法解釋學的特殊性格和客觀性 *91*

  法解釋學上理論與實踐的交錯 / 法解釋學上目的考察和

客觀性／作爲應用科學的法解釋學

● 法解釋學上「學說」的問題 *96*

7 不確定法律概念──以監察人召集 股東會之權限爲例 ················· *100*

● 令人畏懼的不確定法律概念 *102*
● 監察人認爲「必要時」得召集股東會 *103*
● 何謂「必要時」，經濟部與法院見解分歧 *103*
● 概念過於確定，是福是禍？ *104*
● 結語：「真理」也是不確定的概念 *108*

8 過於確定的法令──以貿易商實績 未達被註銷許可爲例 ············· *112*

● 以貿易商實績未達被註銷許可爲例 *114*

9 偏重形式有害實質的司法實務── 以女性票據犯罪爲例 ············· *116*

● 從幾項數字來看女性票據犯罪 *118*
● 從刑法總則的理論來檢討女性票據犯 *119*
● 女性票據犯罪之行爲樣態 *121*
● 女性票據犯罪之構成要件該當性 *123*
  行爲主體／無存款餘額、發票時／構成要件之故意
● 女性票據犯罪之違法性 *129*
● 女性票據犯罪之有責性 *130*
● 女性票據犯罪與共犯 *131*
● 結語 *134*

10 自由裁量的客觀性——以客運公司違規之處罰為例 ················ *138*
- 法律經常授權行政機關「自由裁量」，如何確保自由裁量的客觀性 *140*

11 自由心證與事實認定之客觀性——以某件民事訴訟證人證言為例 ·········· *146*
- 自由心證的尊重與批判可能性 *148*
- 執業律師的經驗 *148*
- 判決不公平的經驗 *149*
- 法院歪曲證人的證言 *150*
- 最高法院帶來的正義 *150*
- 改善書記制度 *151*
- 法官退任律師 *152*
- 判決書公開 *152*
- 附錄 *154*
- 最高法院民事判決 *162*

12 價值判斷之客觀性——以判決之拘束力為例 ················ *166*
- 前言 *168*
- 客觀性與追求客觀的心靈 *169*
- 價值具體化與先例拘束力的心理學基礎 *170*
- 價值對立與價值類型化、體系化 *172*
- 判決對立與判決類型化、體系化 *172*
- 結語 *174*

13 最高法院決議、司法院「研究意見」的批判可能性 ················ 176

- 最高法院決議與司法院「研究意見」的功過 *178*
- 「最高限額抵押之決議影響重大」 *179*
- 姚前大法官反對司法院「研究意見」 *180*
- 「研究意見」的正面功能 *181*
- 負面作用 *182*

14 自然法與實證法——以一物二賣為例 ···················· 186

- 問題緣起 *188*
- 一物二賣原買受人有無代償請求權 *189*
  （A）事實／（B）本案問題之所在／（C）兩種說法／
  （D）學說之真假與對法律之不信任
- 自然法涉入實證法之界限 *192*
  (A)實證法本是規範上科學活動的產物／（B）自然法之
  功能／（C）自然法涉入實證法應有之界限／（D）本案
  之檢討
- 方法二元論的可能性 *196*
  (A)事實（理論）與價值（實踐）二元論／（B）法律之
  價值因素與方法二元保持之困難／（C）本案之檢討

15 權力分立、選舉與批判可能性——以監委選舉為例 ················ 202

- 直接選舉？間接選舉？ *204*
- 批判可能性與權力分立 *205*

- 選舉與權力分立 *206*
- 選舉與批判可能性 *207*

16 蓋章：簽名？—— 反證可能性 ·········· *210*
- 蓋章：簽名？—— 反證可能性 *212*

17 競爭政策及執法的客觀性及其敵人 ··· *218*
- 前言：「法律的客觀性」存有許多「敵人」 *220*
- 地緣政治管制是競爭法的大敵 *221*
- 政府行為常是「公平競爭」之敵 *224*

  1、以2023年進口蛋為例／2、「業務宣導費」之公平競爭？網軍？／3、把「中天電視」趕出「52」臺，對「公平競爭」之破壞

- 公平會勤於對國內中小微型企業處分、纏訟，不願和解不公平 *230*

  （一）九年纏訟案例概要／（二）公平會處分概要／（三）主要爭點／（四）藥品與食品是否應該分開為不同之「市場」／（五）是否足以影響市場功能？／（六）裁量怠惰之違誤

- 公平會與國際大企業高通公司等行政和解，卻不與國內中小微型企業和解，並非公平、客觀 *237*

  1、罰兩百三十四億元，公平會頂得住嗎？／2、十個月之後，公平會與高通公司行政和解／3、公平會曾在處分時曾「這樣說」而拒絕高通公司行政和解／4、處分時有少數委員主張「和解」之不同意見／5、其他相關

「行政和解」的案例/6、公平會為什麼對中小微型企業不公平而拒絕和解？/應寬廣與中小微型企業行政和解

- 寬恕政策太「官僚」，應回到和解精神 *242*
- 公平會的「獎金」可能有負作用 *243*
- 結語：寬緩競爭法及多和解 *244*

18 人勝法，法為虛器（蘇軾） *250*

1、翁○鍾、石○欽與司檢調諸公/2、女檢陳○珍收賄兩千三百萬元，被判十二年/3、調查局組徐○○盜賣證物庫中的毒品/4、告人卻能非法安排特定檢察官井○博偵辦並起訴/5、前瞻計劃、政府採購法及制度之客觀性及其敵人

19 蔡英文去比過去的馬英九，如何客觀？ *258*

20 國安法、政策、資源與天略之客觀性 *262*

21 論證不足乃客觀之敵／一審全無罪，二審改判犯特殊洗錢罪，客觀在哪裏？ *266*

22 易科罰金、緩刑與易服社會役的客觀性 *270*

23 大陸「反分裂法」的客觀性及其
  敵人 ·· *274*

24 過於濫用法律概念的區別，離事
  實、正義、客觀愈遠 ················· *278*
  1、簡訊所傳客觀事實／2、臺北地院判決在概念中打
  轉，背離正義／3、高院判決簡單、客觀、正義／4、回
  到樸質、簡單、客觀的正義

25 選罷法中「有期徒刑尚未執行，
  不得參選」之客觀性及其敵人 ········· *284*

26 某案四組法官判決皆不同／
  民事刑事判決歧異，又何必
  停止訴訟？／何者才是客觀？
  客觀之敵在哪裏？ ····························· *304*

27 魏教授打了二十年官司 ···················· *312*

28 銀行法與多層次傳銷管理法之
  客觀性及其敵人 ····························· *320*
  ● 臺灣高等法院判決先例認定「不成立銀行法」
    的案例，祈請參考（101年度上易字第2604
    號，確定）*322*
  ● 依公平法第46條規定之意旨，應排除「銀行
    法」*323*

- 參加傳銷之人並不是「明知非銀行不得……」 *324*
- 與其殺不辜，寧失不經，古有明訓 *324*

29 律是八分書，以類而推；法學方法 與王澤鑑教授、梁慧星教授、黃茂 榮大法官 ……………………………… *330*

30 理學、心學、事功之學、文學在現 代法學上之運用 ……………………… *336*
- 什麼讓法官過勞、這麼辛苦？ 我們這一代的法律人這樣幹？／打了十一年的訴訟 還沒結束 *325*

31 現代執法仍宜以仁、義、智為本心， 結合程朱、陸王，兼容儒、法 ……… *344*
1、社會科學之客觀性與方法論／2、理學在法學上之運 用：法理、事理、證據／3、心學在自由心證之運用／ 4、事功之學在法學上之功能／5、文學在法學上之運用

1 法律活動中的
科學精神

● 科學與反科學 *12*

● 科學從哲學中成長的意義 *13*

● 規範與規範上的法律科學活動 *13*

● 其他規範對法律的意義 *14*

● 爲法律「高度科學化」而努力 *15*

現代法治國家，在形式上以法典、法律取代古禮、道德（並不是說不需要古禮與道德）、人治，此種「法律化」的轉變，是否較客觀、較科學，而能因此提高斷定人與人之間權利與義務的效率？讓我們來談談法律活動中的科學精神。

科學與反科學

　　什麼是科學？也許不容易定義與了解，讓我們先來檢討一個血淋淋的例子：在科學史上，哥白尼、伽利略憑望遠鏡觀察，推翻了以地球為中心的宇宙觀，主張地球繞日，結果哥白尼終其一生不敢出版，伽利略則被視為異端，遭受審判、軟禁（註1）。教庭這種不講理由、獨斷、不容許他人表示意見的態度，便是反科學。反之，哥白尼、伽利略憑藉工具、從事觀察而為主張便是科學，尤其可貴的是，在這種「壓力」下，他們那種堅持自己觀察所得的「求真」態度，這是一種「態度」上的差別。

　　所以，科學存在於吾人之思維世界中，它是尋求問題的可靠解答者所遵循的一套探求與研究的方式；「科學」本身並不能告訴我們任何事，而是透過運用科學而有研究成果的人告訴我們（註2）。據檢討，科學起碼具有可驗證（批判）與互為主觀（inter-subjective）的特性（註3）。

科學從哲學中成長的意義

欲對哲學下一明確的界說、原是極為困難的工作，但是，至少以下這一件事是清楚的：「在古代，哲學與科學不分，凡今天科學所研究的對象，當時都包括在哲學範圍之內。在亞里士多德死後不久，二者的區別就開始萌芽了，個別科學逐漸脫離哲學而獨立。這種發展，到了近代更為顯著，原屬於哲學之內的學問，紛紛獨立，以致哲學幾乎空無所有……」（註4）。在這種狀況下，我們不能對哲學感到失望，因為，哲學思考能夠為科學提供靈感，過去科學能夠從哲學中成長分居，現在及將來必也同樣能夠。

規範與規範上的法律科學活動

人要群居，便須要社會統制（Social Contral），規範是一切社會統制的總稱。神的意旨、天命、君權、禮教、道德、風俗、習慣、宗教都是規範，現代的法律只是規範的一種（註5）。

由古代社會中神的意旨、天命、君權、禮教等原始規範到今天法律的制定，是人們在規範上運用科學活動的成果。

如果，丙說：「本人根據正義，判斷甲應該賠乙新台幣

五千元」，則不僅是甲，卽使任何第三者也無法知悉丙所依據的「正義」究竟是什麼東西？旣無法知悉，就不可能喚起「規範意識」去注意、去遵守這個規範，因而這個規範無法達成社會統制的目的。這種「無法檢證」、「無法互爲主觀」的現象，不容於科學。人們爲求有效認知，乃講究科學，規範上的科學活動只是諸多科學活動中的一環，現代法律卽是規範上科學活動的產物，更是原始規範的成長物。

再就法律之適用而言，將「不准」、「依民法不准」、「依民法第○條規定，不准」、「因爲……，依民法第○條規定，不准」等判決模式，依次放在「科學與非科學之座標」上，很明顯地可以發現，最後一個判決模式因具有最高的批判可能性、互爲主觀性，以及最有利於第三者從事檢證與反證，因而具有最高度的科學性。從而，作爲一個判決者於判決時，應引用法條並附以詳盡理由（註6），就是爲了提高科學性。此外，判決必須引用判決先例，並說明援用之理由及不爲援用之理由，也是爲了提高科學性及檢證的可能性。

其他規範對法律的意義

當個別科學逐一由哲學中成長分居，發生了「哲學究竟還有何存在意義」之問題，在規範的科學活動裡也發生了相同的問題。那就是法律規範從其他規範中成長以後，其他規

範是否還有其存在意義？它們對法律規範如何發生作用？

　　大家都知道，科學理論時常無法絕對的正確，有隨時被修正的可能。同樣，法律的立法修正，恆受時代思潮環境所左右，例如，支票退票在我國立法史上，曾由逐漸重罰，最後變成不罰，就是典型的例子。就法律的修正而言，其他的行為規範對法律當具有影響力。再就法律的適用而論，如民法第一條規定「民事，法律所未規定者依習慣，無習慣者依法理」。卽明白表示，法律無法規範所有的社會事件，當法律就某案件未規定時，卽應適用「習慣」規範，何況，有許多法條明文規定「優先適用習慣」。此外，法律所使用之語言多半是「不確定的概念」，如「公序良俗」、「相當期間」、「誠實信用原則」……，其他規範便藉著「不確定的概念」實際發生作用，也因為其他規範有著太多的機會，而抵銷了一部分的科學成果；所以，法律的成就仍然有限，還須人們不斷的努力。至於更進一步地牽涉到是否有「無法亦法」或「自然法與實證法的衝突」等問題時，那就更難了；這時，「法律」以外的「規範」當然有它的某種意義。

為法律「高度科學化」而努力

　　作為一種規範上科學活動的成果，法律因具有太多的價值因素，無法客觀化（註7），距離「高度科學化」還有一

段遙遠的路程，我們不但不應忽視這少許的成果，而它更要
繼續在「枯燥」的條文中為規範上的科學活動而努力。

《註釋》

註1：參閱布羅諾斯基著、漢寶德譯《文明的躍昇》六七年版204～221頁。

註2：參照李明燦著《社會科學方法論》黎明六七年版第二頁。

註3：參閱殷海光著《邏輯究竟是什麼》大林文庫六五年版第七六～七八頁。

註4：錄自王文俊論著《哲學概論》正中六五年版第十四頁。

註5：參閱韓忠謨著《法學諸論》六三年版第十七、十八頁。

註6：黃茂榮著《民事法判解評釋Ⅰ》六七年版第五頁。

註7：係公序良俗、誠實信用、猥褻……等用語之認定，恆受認定者價值觀之影響，價值無法客觀。

2 法律與批判的
可能性

● 批判的可能性與自然科學 *20*

● 批判可能性與法律學 *22*

　　法律、正義與批判可能性／立法、法律修正與批判可能
　　性／實證法、自然法與批判可能性／概念法學、自由法
　　論與批判可能性／「惡法亦法」與批判可能性／判例、
　　判決、民刑庭總會決議的拘束力與批判可能性

● 透過批判・了解更精確的知識 *31*

批判的可能性與自然科學

　　人類用智慧創造了文明，又因為愚昧而阻礙了文明。這種愚昧，是從霸道、絕對性、自以為是、不容歧見、視主觀為絕對真理……開始。在自然科學史上，哥白尼、伽利略的故事是今天大家所知道的。哥白尼以數學描寫「天體星球之旋轉」，發現了地球繞日旋轉的現象。卻因與千年來流行的「地球為宇宙中心」的普托來米系統相抵觸，不容於當時一般人或教會對上帝的信任，在一六一五年被列為天主教禁書（註1），以致於新的宇宙體系被擱置了三十年，才對世界公開。伽利略發明望遠鏡，望向星空世界，是歷史上第一次自製設備、從事實驗、發表研究結果的科學活動，而證實了哥白尼的理論。不幸卻被視為「異瑞」，接受教廷的審判，被迫認錯，一輩子軟禁。從此，天主教的科學家都噤若寒蟬，地中海區的科學命脈漸漸沒落，使得科學的革命轉移到歐洲的北部（註2）。

　　在此，須檢討流行四千餘年的普托來米系統——地球為宇宙中心，在當時可說是眾口鑠金的「真理」，這個真理又有教廷「權威」的保護。所以，當哥白尼、伽利略等人對這個「真理」提出不同意見、不同理論，即被視為「異端」而加以裁處。也顯示了教廷的「真理」沒有被批判、檢證或反

證的可能性。這是一種態度上的差別,批判可能性是科學的開始,無批判的可能性是科學最大的敵人。

同樣地,對於「水在攝氏一百度沸騰」、「水在開放的容器中的沸點是攝氏一百度」、「開放容器中的水在海平面氣壓下的沸點是攝氏一百度」等三個命題,以第三個命題最為精確。假如我們在經過千百個實驗後證實了第一個命題「水在攝氏一百度沸騰」,即將之視為絕對的真理,以權威、武力……阻止他人及自己對此「真理」進行批判、反證,那麼將減少反證這個「真理」而達到第二、第三較精確命題之可能性。如果,我們始終將思考路線放在去證實「水在攝氏一百度沸騰」這個命題上,可以毫無困難地找到數百萬個有利的觀察點,如此一來並沒有證明該命題恆真,也沒有增加這命題為真的或然率。反而,會因為一再得到證實的滿足,我們就不再去懷疑了;不再去建設一個比第二、第三更富有經驗內容的命題。於是,我們的知識就停留在原處(註3)。所以,當代科學、哲學家Karl. R. Popper 認為「被否證的可能性是科學與非科學的判別標準」,科學家及人們應儘可能的,把理論以最不含混的面貌暴露在否證的可能性中,在方法論的層次上,不應該以不斷地調整理論或證據,使它們相符,而有意、無意地逃避否證的可能性(註4)。

然而,自法蘭西斯・培根。有系統地描述科學家應該遵守的工作程序以來,人們一直相信:科學家的工作以實驗開始,在謹慎控制與嚴密計劃下,累積可靠的資料形成假設,

利用歸納法來建立普遍的命題，科學就是這些確知知識的總合。直到休謨提出「歸納在邏輯上不能導出普遍命題」的論點以來，這種「科學觀」就不能有效地說明科學；再加上所謂的「確知的知識」在科學史上是不存在的，所以Karl.R. Popper 揚棄了這個科學的「正統觀」，而提出了以上「否證可能性」的說法，這是一項突破性的見解（註5）。這個見解積極的提高了否證的可能性，以探求更精確、更豐富的知識。從上述教廷迫害科學的前車之鑑啟示了，科學至少須建立在批判可能性上，二者的理由是相通的，只是否證可能性的說法更為積極，更進一步而已。

鑑於社會上，絕對主義的意識型態到處彌漫，人們經常假藉「真理」、「正義」、「愛國」之名，進行個人價值判斷之實，不容他人辯駁地遽下「判決」，以扼殺他人的想法，本文僅保守地採取「批判可能性」的科學觀，來呼籲國人提高人文社會界的批判可能性，以加速現代化的步子（註6）。

批判可能性與法律學

法學（Rechtswissenschaft）雖名為科學（Wissenschaft），卻常引起法學是否為科學、法律解釋是否具有客觀性、法院判決是否有預測性、法學理論能否依觀察、實驗

加以證實等等疑問？凡是這些疑問都足以引起人們對法律的不信任（註7）。

倘若彷照Karl. R. Popper「否證可能性」的說法將科學及其客觀性定性為「間主觀批判的可能性」（intersubjective discussibility or criticizability）（註8），即可解決以上疑難。以下說明之，並附帶檢討一些學理上傳統的問題。

法律、正義與批判可能性

當甲說：「根據正義，乙應當如何如何」、「根據正義，乙應賠償丙黃金二兩」、「根據正義、乙應坐監三年」……，以上種種情形，當事人及任何人根本無法知道所謂「正義」究竟是什麼？乙的行為究竟是否違反正義？這樣的決定，它的批判可能性極低。相反的，依據法律審判時，「依據民法第××條，乙應給付丙新台幣××元」、「依據刑法第××條，乙應判處有期徒刑×年」、「依據選舉罷免法第××條，乙不得為……」比上述依據「正義」來審判，當事人和第三者更容易了解何者當為、何者不當為，不當為而竟為之其效力如何、以及當事人之行為究竟是否符合法律的構成要件……，這些都具有較高的批判可能性。所以說「批判可能性」是科學的起點，規範的實證化是一項規範上的科學活動，（註9）法律是此項活動的「產品」，正如電腦是自然科學的產品一樣。

立法、法律修正與批判可能性

我們讀古書常唸到「先王之道」、「聖人出」、「禮曰」……，常不能知「先王之道」、「聖人」、「禮」……源自何處，但卻是知道這些規範在當時社會發揮極大的規範力。在所謂「禮教吃人」的時候，又憎恨那些生活在禮教的陰影下的人們的愚昧；從這裡可以看出「先王之道」、「聖人」、「禮」……的權威性和絕對性。雖然，我們也常常聽到「法律是神聖的」，這應該只是呼籲人們遵守法律，切勿以身試法；甚至，法雖不善，終究是法律，在被廢止、修正以前仍應被遵守而已，並非意味著法律是神授、顛撲不破的。

在民主主義思潮下，法律委由民選的立法機關制定，以多數決的方式討論、決議通過法律。立法不得違反憲法，且須符合國民全體的幸福及社會的均衡發展（註10），這種規制過程比起「先王之道」、「禮教」，顯出較高的批判可能性。並且法律一經制定付諸實行，是否符合憲法或社會實情，在行政及司法執行上是否有困難？能不能達成制定該項法律的目的？立法是否不備？是否有漏洞？是否與自己或其他法律構成體系上的衝突……，可能經過釋憲者、執行者、法學家甚至一般民眾——指出（註11）。所以，現代立法具有較高度的批判可能性。再就法律的修正而言，法律的修正就是批判的成果；在憲法體制下允許經過一定的程序去修改法律，此種制度即顯示批判可能性的精神。相反的「先王之道

」、「禮教」，因爲「源遠流長」使得被修正的可能性很低。

實證法、自然法與批判可能性

自然法和實證法的衝突及其調和，是數千年來法律思想的骨幹。根據學者歸納的結果，各個時代自然法學者所認定的自然法，它們共通的地方在於：認爲人類社會生活所適用的行爲規則並不限於國家或政府制定的法律。國家所制定的行爲規則以外，還有性質更爲普遍的行爲規範，適用於一切的人而非只適用於某一個人或某一時間及空間內之某一社會。這些人類的行爲規範，並非由任何人所創制，而是根據具有理性（reason）的人之基本需要而存在著；也就是說依靠著他們的理性就可以察覺或認識。這些規範形成了一切個別行爲規範的泉源，並且構成了批判一切人爲規則的內容是好是壞、公不公平的標準所在（註12）。

自然法雖具有這麼高的意義，但自從十九世紀以來受到自然科學的影響，法實證主義高唱入雲，加以資本主義的發展需要固定、安定的法律，自然法思想就開始衰微（註13）。到了二次大戰後，由於審判納粹德國戰犯，而重新燃起以自然法審判「惡法」的問題，再度使人重視實證法與自然法的衝突。固然，實證法與自然法的衝突，因爲是法理念中法的安定性和正義互相矛盾的問題，法被尊重的先後，應由名人憑著良心，按照各時代的背景和需要來決定（註14）。這種說法也屬於一種「自然法」，終究不能解決自然法與實證法

的衝突。作者認為,實證法與自然法的衝突及調和的問題,和科學與哲學的衝突及調和,是同一問題。科學從哲學中萌芽、成長,變成具有批判、實證、互為主觀的特性,但科學不能因為已經成長就主張廢棄哲學、或主張科學獨斷,因為哲學不論現在或將來,一定能夠像過去一樣提供靈感、頓悟;同樣地,實證法從自然法中萌芽、成長,變成具有被批判、互為主觀的特性,也不能因為已經成長,就主張廢棄自然法或主張實證法獨斷。實證法是規範上科學活動的少許成果,不容廢棄;自然法則是絕對的真理,不具批判可能性,不能直接作為規範的依據,所以應該以實證法為規範的依據,但應保持它的科學特性——批判可能性來接受自然法的批判(註15)。

學者馬漢寶先生認為「自然法原限於概括性的原則,雖然具有相當的內容,卻不足以直接規律變動的社會生活,而有賴更具體的實證法以見實效。而實證法就其為人的意志之表現而言,必需自然正義之觀念與原則,以為批判其公正與否之準據。因此,自然法與實證法實屬相輔而相成」(註16)若以批判可能性加以說明即較易了解為何自然法不足以規律變動的社會!為何須以自然法批判實證法!且在方法論上才有了解之依據。

概念法學、自由法論與批判可能性
相對於實證法與自然法的意識型態爭論之下,也產生了

概念法學與自由法論之爭。概念法學重視邏輯崇拜與概念支配，排除其他目的、價值的考量。耶林（Rudolf Von Jehring）在其不朽的名著「羅馬法的精神」、「法的目的」起而對概念法學加以批判，諷刺當時的法學在做抽象的概念遊戲，迷信邏輯而忘了法律對現實生活的任務。主張①活法的科學探究②法律漏洞的認識③利益、目的的考量④認識司法造法的機能⑤認識法律解釋的性格，以對抗概念法學所主張的①對成文法為排他的注重②法秩序有邏輯的完整性③偏重形式邏輯的操作④司法造法的否定⑤法律解釋為純粹的認識活動。（註17）

　　此種概念與目的（價值）之爭，看來似乎「誓不兩立」。事實上，概念之死，會使人類辛苦爭來的法治社會又回到人治方式的價值判斷；目的（價值）之死，又不免流於對概念法學的詬病。所以，為使概念與目的「相輔而相成」，將目的（價值）透過概念所構成的體系貫徹到生活上（註18）；所謂的「相輔而相成」，就好像兩極引力，使法律的解釋在一定範圍內運行適當地受到控制，不致於「自由」地漫無限制，或僵固在特定的概念上動彈不得。況且在一定範圍內活動，比起漫無限制有較高的批判可能性，沒有僵固特定的概念就是具有被批判的可能。所謂的「概念法學者」在作法律解釋適用時，並不是沒有做目的考量、價值判斷，而是把目的考量、價值判斷披在「概念的外衣」裏，對外宣稱「法律規定就是如此」、「惡法亦法」，這一意識型態嚴重地影響

到人們對該解釋的正確性爲批判之可能性。爲了確保法律解釋的科學性、客觀性，解釋的人務必有意識地把他的價值判斷鮮明的表明出來，以便於別人從事檢證、批判，並對他解釋的結果，負起不可辯駁的社會責任（註19）。

「惡法亦法」與批判可能性

「惡法」是否仍爲法律？人民及執法者有沒有遵守的義務？是我們這個社會裏老生常談的話題。六十八年度司法官特考題目「法雖不善猶愈於無法」，曾引起對此問題的爭論。

對於這個問題，當時司法大廈多數的司法人員認爲：在司法機關的立場，「惡法亦法」的法律觀念必須強調，因爲司法人員的任務是「執行法律」，而不能憑著個人的主觀修正法律；所以在立法機關還沒有修正「惡法」之前，司法機關只得依法執行。並認爲，唐代大文豪韓愈被誹謗得風流病而死，其第三十九代子孫可否告訴的案子就是其中的一例。因爲現代刑事訴訟法第二三四條第五項對於「已死者之直系血親得告訴」之「直系血親」並沒有加上親等的限制，所以其第三十九代子孫當然可以告訴，這項規定雖然不見得妥當，但是在立法機關修正之前，司法機關仍須依法判決該誹謗者有罪（註20）。對於這個「惡法亦法」的問題，又有人認爲「法的安定性優於正義」，如果法「不善」的程度，尚未與正義矛盾到極點，人民猶可忍受，此時「惡法」猶勝於無法，必須「惡法」已使人忍無可忍，不再有資格配稱爲「法

」時，法官才應予以拒絕適用（註21）。又有人認為，法律號稱代表公平、正義，不能帶給人民「惡法亦法」的印象，所以面對「惡法」時應謹慎檢討系爭法律概念之構成，是否隱藏謬誤或不公平的動機在內？該概念是否與其所擬處理案型的特徵相符？切莫因事不關己而抱持「惡法亦法」的強權思想。況且，只要肯接受進步國家所承認之憲法原則的直接拘束力，那麼「惡法亦法」在現行法上並不是沒有規範的依據（註22）。

從規範上的科學活動加以檢討，承認「惡法亦法」，等於排斥科學上之批判可能性。其專橫心態猶勝於教廷對哥白尼、伽利略之迫害，因為教廷的迫害可能出於「無知」、自信自己是對的，反之「惡法亦法」的支持者則自知「惡法」，卻仍然依據惡法為惡。因此，面對「惡法」時，首先應慎重檢討對法律之認識是否有誤？是否以「惡法亦法」來掩飾自己對法律認識之錯誤，而斷絕自己或他人批判其法律見解是否正確之可能性？如前所述，歷史學者舉證認為韓愈得風流病而死是否構成誹謗罪之例子中，真的絕對構成刑法上的誹謗罪嗎？亦非毫無疑問（註23）。在吾人再詳加推敲以前，實不容遽然出現「惡法亦法」之心態。

再者，刑事訴訟法第二三四條第五項對於「直系血親」的親等範圍雖然沒有明文限制，但是參考我國「九族」之舊制，及德國、瑞士、日本等外國制度，應利用「目的性限縮」的解釋方法來限制刑事訴訟法第二三四條第五項沒有「親

等限制」的法律「漏洞」，前最高法院推事、司法院廳長楊仁壽先生在其大著「法學方法論」書中，最近即持這種見解，改變了十年前在台北地方法院推事時期之見解，令人欽仰與深思，也為「惡法亦惡」的問題提供了一個好例子。

判例、判決、民刑庭總會決議的拘束力與批判可能性

關於判例之拘束力的問題，我國通說認為：判例無法律上的拘束力，但有事實上之拘束力（註24）。何以判例無「法律」上之拘束力，卻能發生「事實」上之拘束力？引用判例的人在心理學上的基礎何在？以及其事實上之拘束力應有多強？吾人應以何種態度來援用判例呢？

固然，從憲法上「平等原則」來看，判例應在類似案件中被援用（註25），但這是一種陳義較高的看法。事實上法官援用判例泰半是基於「為己」的心態，為了提高判決之「間主觀」及維持率，在心理的安全感下，驅策自己去援用判例（註26），因此發揮了批判的特性。法律見解是否正確，法官常常沒有把握，當判例見解和自己相同時，就等於自己的見解經得起判例（他人見解）的批判，同時這也是自己對判例之批判。倘自己見解與判例不同時，便發生判例拘束力是否絕對之問題，本文認為縱使事實上判例有絕大的拘束力，但從科學活動須有批判可能性的觀點來看，判例不應有「絕對」的拘束力，應容許與判例持不同見解之法官，在判決中詳論所以採不同見解的理由，其上級審在選擇判例見解及

下級審在創造不同見解時，亦應盡其詳細說明之義務，使一切見解皆在批判可能性中。爲了使這個理念成爲可能，判例體系的工作，勢所必須。

判決，在我國的地位遠不如「判例」，但是在規範上科學活動的意義判決和判例是相同的。所不同的可能是「判例」是經過最高法院從「判決」中挑選出來的，既經過專家的挑選，較經得起批判信賴度較高；遺憾的是因爲它太權威了，「外界」無法對其批判，即使最高法院「內部」數十年來也只「變更」了一則「判例」而已。又我國最高法院有所謂的民、刑庭總會決議，以下各級法院也有司法座談會，這些討論的「結論」在法源上雖無地位但是在事實上卻可以拘束或某程度上拘束法院的判決。這種現象在規範上科學活動的意義如何呢？本文認爲法律見解的「統一」固然有助於法的安定性，但是統一「確定」見解以後卻戕害了批判可能性，最後竟與科學精神不合。當人們對統一的「決議」，過份倚賴時而極端排斥「少數說」的見解時，當三思三思！

透過批判，了解更精確的知識

由以上科學史的檢討得知：科學就是批判的可能性，或至少批判可能性是科學的起點。科學活動的目的，就是爲了提高批判的可能性，透過批判使人類了解更精確的知識。這

些過程與意義在規範上的科學活動亦然，這可從傳統法學與法理學上的問題獲得了解；而且由批判可能性的觀點可以提供解決這些問題的可行方向，以下本文就從批判可能性的觀點，論法治國家以及法的明確性與可預測性。

≪**註釋**≫

註 1：唐斯著，譚逸譯「創造世界文明的書」，中華日報社印行，頁40～
　　　44。幼獅書局編譯「世界文明史」之二十二，「宗教改革之餘響」
　　　，頁316～328。

註 2：參照布羅諾斯基著，漢寶德譯「文明的躍昇」，景象出版社印行，
　　　頁199～224。

註 3：參照馬基著，周仲庚譯「卡爾‧巴柏」（Karl. R. Popper），
　　　龍田出版社印行。

註 4：同註 3，頁48、49。

註 5：同註 3，頁12～17。

註 6：在人文社會界到處充滿著無批判可能性的事例，例如：醫生看病不
　　　給病人診斷書、大概三、四個鐘頭，愛國有罪嗎？××爲唯一的眞
　　　神……不勝枚舉。倘若能除去此些事例，那是一個多麼現代化的社會。

註 7：參照川島武宜著「科學としての法律學」弘文堂，昭和52年13版，
　　　頁 3 ～14、83～88。

註 8：參照碧海純一著「現代法解釋學における客觀性の問題？載現代法
　　　講座第十五冊「現代法學の方法」頁 3 ～ 6 。

註 9：參照拙文「規範上的科學活動」載台大法律學會法律學刊第十二期
　　　，頁163～164。

註10：參照田口精一、池田政章著「現代立法過程の理論の問題點」載岩
　　　波書店「現代法講座」第三冊「現代の立法」1968年第三版，頁217、
　　　218。

註11：同註10，頁219、220。

註12：參照馬漢寶著「自然法之現代意義」載氏著「西洋法律思想論集」頁112。

註13：同註12，頁151。

註14：參照林文雄老師著「賴特布魯的自然法論」載氏著「法實證主義」頁69～71。

註15：參照拙前揭文。

註16：同註12，頁164。

註17：參照碧海純一著「法哲學概論」弘文堂昭和52年8版，頁203～209。

註18：參照黃茂榮著「法律解釋學基本問題（Ⅱ）：法律補充」載台大法學論叢六卷二期，頁18。

註19：參照渡邊洋三著，許介麟譯「法律解釋的科學性」，載憲政思潮第四十三期，頁250。

註20：參照吳添福著「執法：惡法總比沒法好」，載68、11、30聯合報第三版。

註21：參照楊仁壽著「從多氮聯苯中毒談惡法」載69、1、4聯合報第三版。

註22：參照黃茂榮著「惡法非法」法商顧問雜誌第六期社論。

註23：犯罪無非在侵害法益，死亡千年名聲如天的韓文公被「誹謗」，有何法益受損？告訴人是否亦蒙羞？告訴人不告，誰知其為韓文公子孫而使其蒙羞？從實質違法性論之觀點而論，皆有考慮本案不構成誹謗罪的可能。

註24：參照台大法律系舉辦「判例之拘束力和變更」座談會發言記錄，載台大法律學會「法訊」第65期，69、1、8出版。

註25：參照黃茂榮著「買賣法」序言，植根法學叢書。

註26：參照拙文「從判例之拘束力談價值判斷之客觀性」載台大大學新聞
　　　第522期。

3 法治國家與批判可能性

● 法治國家的保障機能與批判可能性 *38*

● 法治國家之特徵與批判可能性 *41*

權力分立與批判可能性／依法行政與批判可能性／平等
原則與批判可能性／司法保護與批判可能性

法治國家的保障機能與批判可能性

「法治國家」如同「自由」、「民主」一樣，經常被人們不加思考的援用，但是當我們詳加推敲「法治」的意義或內涵時，卻又發現「法治」如同「自由」、「民主」一樣，具有不明確的意義；世界上任何型態的國家無不稱自己是民主法治的國家，從這種現象看來，「法治」一詞就具有「多義」的特性。

在我們這個社會裡，「法治」經常被了解成：在自由、民主中，人們的行為應受法律之限制，否則應受處罰。例如，「維護選舉純潔安寧，選罷法將嚴格執行，違法違規行為絕不寬待，在法治基礎上創新形象」（註1）、「……要維護我們自由民主的社會，全民必須遵重選舉罷免法，發揮高度的民主素養，團結在法治的紀律下……」（註2）、「民主與法治同樣重要，在選舉中任何人或團體必須守法，如違反規定要受到法律制裁……」（註3）、「……競選期間並沒有法治假期，候選人也是中華民國國民，在競選期間除了要遵守選罷法之外，還要遵守其他法令，而不能有任何超越法治以外的言論和活動……」（註4）、「……奔走鑽營、以金錢賄賂等行為，均為不正當的競選手法，在一個民主法治的國家裡，是絕對不容許的事」（註5）、「……林洋港

、王玉雲籲候選人，言行謹慎守法守紀，共創民主法治境界
」（註6）、「……候選人或是助選人員，應有民主與法治
的認識，依法從事各項競選活動……」（註7）。

　　以上是對國內報紙所作的一日份巡禮，我們可以發現幾
乎每份報紙都提及「法治」二字，並且將法治二字用於①「
人民要守法」、②「違法將受刑事制裁」之意義上。

　　對於這樣的了解，本文無意予以非難；事實上，人民本
應守法，而且，我們也找不到比法治更好的字眼來形容守法
的呼籲。只是本文認為：人民守法與違法之制裁是自古以來
國家社會中天經地義的現象，專制國家也無不要求人民守法
與強調違法之制裁；所以，這不是法治國家的特色，法治國
家之特色在於，透過政府之守法，以達到保障人民權利的目
的。

　　按法治國家本係對抗警察國家（Polizeistaat）而興
起，在警察國家下，法規僅得治民，不得治官，在政治上只
有官權而無民權（註8）。詳言之，君主（主權者）發佈一
般或個別之命令，官吏負有執行之義務，人民則負有服從之
義務，縱使官吏執行時有違反其義務之處應受懲戒或處罰，
但這只是君主與官吏間或行政內部之問題而已，與人民無關
並且人民不得主張因官吏違法而要求救濟（註9）。

　　反之，在法治國家下，國家行動之路線及界限以及人民
自由之範圍皆以法律規定之，凡百庶政應以法為治，即人民
之自由及其他權利由法律保障之，人民之義務由法律規定之

，行政或司法機關非根據法律不得限制人民之權利或漫課人民之義務（註10）。在此，人民應遵守法律，以保護社會、國家、及個人之法益，是爲法律之保護機能；另外，政府應遵守法律，以保障人民之權利，則爲法律之保障機能。法治國家之特色不在法律之保護機能，而在法律之保障機能；此種保障機能，在刑法上表現在罪刑法定主義（註11），在行政法上則表現在依法行政原則（註12），其中以限制租稅課徵、警察取締等行政作用爲最顯著之例子（註13）。

　　所以，法治國家是一種爲了發揮保障人民權利之機能的政治制度。在此制度之中，民選立法機關所制定的法律代替了主權者之命令，此依一定程序而制定的法律，較諸主權者之命令，有著較高的被批判可能性。再者，官吏之行爲是否合法，應受人民監督，較諸以往只是官吏與主權者之內部關係，亦顯示出官吏行爲的被批判可能性。其次，官吏欲課人民義務、責任，人民得檢證是否有法律依據，此亦提高了批判可能性的程度。

　　不過，最重要的還是在於：人民認識到法治國家的特色在於保障人民，人民以此出發點觀察一切與政府之間的關係，形成批判官吏的意識型態，官吏不再是「權威」，人民對於官吏不再「訴諸權威」，並且，官吏遵重民權不再自命權威，凡此皆屬提高批判可能性的意識根源。一切現代化與科學精神也根源於此。

　　以上只是從法治國家的根本精神討論。爲實現法治國家

的精神，人們衍生了一些制度，以下我們再繼續地從這些制度，具體地討論。

法治國家之特徵與批判可能性

權力分立與批判可能性

權力分立之目的首在相互間的制衡（註14），即認為「為確保個人人身自由，只有以權利抑制權力、防止濫用權力」，將權力依其性質劃分，委諸不同之機關，同一人不得身兼數權力機關；各權力機關各自行使其權力，不得侵犯他機關之權力（註15）。就此「制衡」之精神而言，孟德斯鳩行政、立法、司法「三權分立」的說法，較諸洛克立法權、執行權分立的說法，較能達成「制衡」的目的，從而三權分立的學說影響較大（註16）。

從批判可能性的觀點而言，「制衡」無非在提高對權力的批判可能性。蓋若行政、立法、司法等權力集中主權者一身，主權者為了執行、審判之目的，得任意制定法律，為所欲為，而無批判可能性。若僅立法權與執行權分立，則立法權控制執行權（註17），對於立法者無批判可能性。若司法權再能獨立，使司法機關擁有司法審查（judicial review of legislation），以審查法律是否違憲（註18），此即對立法

權力之批判可能性。因此，權力分立制衡的想法與制度，實含孕著科學的人文精神在內，絕非意在「互相牽制」，縱使現代社會應該棄消極至積極、棄機械到機動、棄無能政府到萬能政府（註19），亦不應輕言廢棄「權力分立」的思想而倡導「諸權協力」思想（註20）。

依法行政與批判可能性

在分權原理下，行政權之行使須受立法權之控制，乃生依法行政之原則。關於依法行政原則之內容及變遷，已有人加以詳論（註21），不擬在此重複累述；在此僅欲指出依法行政原則與提高批判可能性之間的關係。

提及「依法行政」，吾人首先面臨的問題是：「法」究何所指？「法」的內容之廣狹，必然影響「行政」之合法性。換言之，「法」的內容將影響批判可能性。關於「法」的內容與法治國家思想之變遷有關；一般認為，在法治國家初創之期（近代法治國家），因著眼於保障人民之權利，以自由主義及個人主義為基礎所展開法治國思想，為形式的法治、消極的法治，處處恐怕政府侵害民權，主張最少統治的政府就是最好的政府（註22）。因此，所謂依法行政原則係指政府之行政行為，悉應有法律為其依據，無法律即無行政（註23），且此處所謂「法律」，專指民意代表之立法機關所通過制定之法律（註24），行政規章、習慣法、法理、司法判例、行政解釋均不得為行政法之法源（註25）；稍為和緩

者，主張惟有此形式意義之法律，得以限制人民之權利或使人民負擔義務（法律之法規創造效力），行政機關不得以行政權之作用變更，廢止法律之規定，行政機關發佈之命令與法律抵觸者無效（法律優位原則）（註26），凡是有關人民權利，義務之事務，必須以法律規定；與人民權利、義務無關之事項，始得聽由行政機關決定（法律保留原則）（註27）。待至二十世紀，為積極增進國民之福址及扶助國民生活品質之提高，乃產生如林紀東教授所言：『基於團體主義思想、干涉主義思想，現代的法治國家應為積極的法治、機動的法治，為追求「萬能的政府」，「執法者不必依照法律之文字，亦步亦趨」（註28），且因「細密之成文法，為多方所箝制」，寧以法律為概括規定，使政府衡量時勢之宜，酌情處理，致法理（條理）成為主要法源，做為行政機關管理衆人之事的主要準據』（註29）。此時，亦有認為所謂「依法」，應指依據實質的法規範，由行政須適合制定法至行政之適法，即行政除須以形式法律為根據外，尚須受實質法律、公益、行政目的、誠信原則、行政道德、法之一般原理、行政法院判例等之規範（註30）。以「實質法治」糾正「形式法治」之視法律為絕對之物，僅從法律之程序面、形式面大作文章，而不問實質內容為何的弱點。藉此，得提高對國家權力採取批判的態度，以對抗納粹黨式的專制（註31）。

面對此種思潮之變化，我們應採取什麼態度呢？本文認為，如果世事都有法律根據，那麼，政府行政行為的合法性

就較易爲人所了解，便有較高的批判可能性，而且，政府之行政行爲皆受民意代表之立法機關所控制，卽政府之行政行爲皆受民意代表之批判。成爲問題的是，世事不可能俱有法律規範，同時法律也時時面對著新發生的事實，正如自然科學面對著新的、不能預見的現象一樣，這是人類認識能力的限制。可是，人類對於新經驗雖係無知，但卻又不得不有所行動，乃憑藉過去累積的經驗知識，以「試誤」的意味而行動。極端的形式法治思想，主張「無法律卽無行政」，顯然與人類嘗試錯誤的經驗不符，經不起經驗之檢證，不足採取，也因此之故，才有追求法律以外法源之思想萌牙，促使了實質法治國思想的興起。

然而，在此法治國實質化，承認法律以外法源的過程中，我們不宜因樂於「試誤」而遺忘我們已知的知識，相反地，我們應以已知的知識來控制「試誤」過程，以降低錯誤的概率，或以已知的知識來檢證「試誤」結果的正確性。所以，固然行政命令、習慣法、判例、法理、誠信原則、公益等皆應成爲「法源」、做爲行政之依據，然而，此時最爲重要的事應是如何以「法律」來控制法律以外法源之援用，不要因爲法理、公益、誠信原則……等過於抽象條項的援用，而給予行政機關恣意的機會，也不要因爲行政命令之援用，而放棄權力分立的精神。此種控制的必要性，實意味著法理、公益……等被批判之可能性，自有其「人文價值」，其意義絕非在束縛行政機關的手腳。依法行政原則中所謂的「法律

優位原則」、「法律保留原則」，就是在承認法律以外法源的前提下，強調應由法律來控制的努力，此種努力正像概念法學與自由法論的爭執過程中，在承認價值判斷之不可避免的前提下，應努力以概念來控制價值判斷之恣意一樣（註32），目的皆在提高批判可能性。

從以上觀點看來，本文不敢贊同林紀東教授對「細密成文法，為多方所箝制」的非難，也不贊同法律應儘量為概括規定，使政府能衡量時勢之宜，酌情處理的看法，更不贊同以法理代替法律成為「主要」法源，而認為法理不過是補充法律的法源，甚至只是間接法源而已（註33）。

其次，欲以「實質法治」代替「形式法治」，藉以防止納粹式獨裁專制的看法，也應在主張「實質法治」、強調法律以外法源的同時，注意以上所述之「控制」問題，須知縱使「形式法治」是造成納粹式專制的原因，但若法理、公益……之援用不受控制，卻更可能造成專制。所以，城仲模教授說得好：行政「除須」以形式法律為根據外，「尚須」受實質法律、公益、行政目的、誠信原則……之規範，在此應注意「尚須」二字，而非「只須」或「主要」二字，即行政行為應受「形式」法律與「實質」法律雙重的控制，而非僅受形式或實質法律之單向控制，多重的控制才有愈高的批判可能性。事實上，戰後西德在實現「實質法治國」的努力過程中，確定民主的、社會的實質法治國概念，一方面以追求國民福利為鵠的，另一方面又強調憲法上基本權利之保障，藉

不許修改憲法之基本原理、區分社會法治國家立法及行政之任務、確認司法作用爲社會法治國之担保，以確保法治國家之實質內容（註34），在在強調控制之問題及形式的法律，應受憲法之批判。

　　以上係就法律未規定之事項，援用行政命令、習慣法、法理、判例、公益……時，所含批判可能性之問題。接下來應該談談有關法律規範部分之批判可能性，這裏可分三點來說：①法律應受實證法之憲法所批判，法律抵觸憲法者無效。②法律應受自然法之批判，此即自然法論與實證法論互爭之問題，前已述及（註35）。③倘若法律規定已十分具體、確定，斐然有成，這正意味著此法律已無批判可能性，形成如人們詬病概念法學那樣的爲概念所拘泥，不得通權達變，到達最爲具體的妥當性（註36），是故，法理、公益、誠信原則、行政目的……等，對行政作用及法律適用之參與影響力，即顯示有批判可能性的存在。

平等原則與批判可能性

　　法律之前人人平等（equality before the law），即同一情事，在法律上應做同一之處理。在此，所謂之「平等原則」，已由自然法的平等進入實證法的平等，各國憲法相繼採取「平等原則」爲基本原則之一，並在行政法中廣泛運用，例如，租稅公平負担之原則、公共設施平等利用之原則、企業獎勵、補助、融資公平原則、行政指導平等原則、公務員

任用制度公平原則（註37）……。

　　黃茂榮教授認為，在法治原則之實踐上。「平等原則」所扮演的角色遠比其他基本權利更為重要而且有效，因為像人的尊嚴似的價值概念一世紀也談不完，而在具體案件中，當事人卻很容易地要求相同的案件應被相同的處理，否則即屬違反平等原則（註38）。按觀察「平等原則」之是否被違反，只須考慮系爭案件與先例在法律上重要之點是否相同，較諸其他基本權利是否被違反，容易認定，因此。「平等原則」之適用，其本身具有較高之批判可能性。其次，黃教授又認為，如果「平等原則」真的被貫徹了，那麼特權便不會再存在，只要沒有特權，那麼即使法律規定得不好（惡法），但因為人人（包括主管人員及其親朋好友）都有機會成為惡法的受害人，那麼惡法很快的就會被改正過來，反之，如果主管人員及其親朋得例外的不受惡法的禍害，那麼非但惡法永無改善之日，而且，惡法將成為他們魚肉同胞的工具（註39）。

　　此種看法，實為「平等原則」與「批判可能性」關係的最好說明，蓋平等原則之貫徹，促使有權、有力的人力求改造惡法，提高惡法被批判的可能性，反之，「平等原則」不被貫徹，「特權」即藉惡法魚肉同胞飽其私欲，更會為了維持特權而維護「惡法」，讓那「惡法」永遠存著，此即降低了惡法被批判的可能性。

司法保護與批判可能性

在權力分立的政治制度下，司法機關可以說是憲法的維護者（註40），負責解釋憲法，及審判各種訴訟案件。

就其解釋憲法的職權而言，司法機關獨立於行政機關及立法機關以外，來判定法律是否與憲法抵觸及命令是否與憲法或法律抵觸，有抵觸的命令或法律無效，此即由獨立的司法機關站在第三者之立場，根據憲法對法律及命令進行批判，亦即獨立的司法機關是法律及命令具有批判可能性的保證。

其次，就民事訴訟而言，在當事人進行主義下，法院純粹立於第三者之立場，依據法律獨立裁判，解決當事人間的私權糾紛，等於當事人間雙方各執一端的主張，有被批判的可能性，且因為採當事人對等主義，原、被告地位平等，雙方被批判之可能性相等。

至於法院本身，亦因審級制度的關係，下級法院的判決有被上級批判的可能性，藉以降低錯誤的比率。

與民事訴訟略有不同者為刑事訴訟與行政訴訟，因為刑事訴訟與行政訴訟一方的當事人是強大的國家，另一方當事人則為弱小的人民，國家一方的主張，其被批判（反證）的可能性，較諸民事訴訟，可以說是低了許多，在此種情況下，惟有儘量以制度上的力量來補救此點本質上的先天不足，例如刑事訴訟儘量推動當事人對等主義（註41），檢察官似無必要身穿「官服」，高高在上以及在偵查中引進辯護制度。

行政訴訟制度應增加審級，擴張行政訴訟之範圍至一切

公法上的爭議，儘量採取言詞辯論，不過最爲重要的還是在於打破「民不與官爭」的消極思想，人民勇於打行政官司，行政法院以行政救濟之維護者自居（註42），認識行政訴訟在法治國中之存在目的，如此行政機關的違法行爲才有被批判的「起碼」可能性。

　　與司法獨立或審判獨立有關的一些「司法改革」問題，亦可從「批判可能性」的觀點加以了解，而調整其在制度上的位置。例如：①司法官受訓應避免以「操行」分數控制分發、升遷，而間接影響法官之態度。操行評分本身少有批判可能性。②司法官之考核、升調應確實由司法官組成人事委員會自治。③司法主管應避免由政黨色彩強烈者担任，④一、二審也實行先判決後送閱制度。⑤監所行刑權仍由法務部掌管，若歸司法院掌管則判決與執行合一，違反權力分立原則，抵觸批判可能性之精神（註43）。

　　其次應研究，法官依據「法律」獨立審判（註44），在此所謂的「法律」是否專指立法院通過、總統公佈之法律？在刑法因受法治國「罪刑法定主義」的限制，應以「法律」爲限，在民事法、行政法則不以「法律」爲限，故大法官會議釋字第三十八號解釋：「所謂依據法律者，係以法律爲審判之主要依據，並非除法律以外，與憲法或法律不相抵觸之有效規章，均行排斥而不用……」（註45），於是由此引申出一問題，即法官於適用行政命令時發現其與法律抵觸，可否拒絕適用？有認爲在我國現行制度下，大法官會議才有此

項權力，普通法院之法官並無此項權力（註46），曾有認為釋憲固然是專屬於大法官會議的權力，但命令是否與法律抵觸則普通法院有審查權（註47）。

按人們因囿於認識能力之不足，不得不承認單靠法律不足以規範世事；行政命令等亦為行政法之法源，但此時應加強控制，以提高對法律以外法源援用之批判可能性（註48）。若與人民無直接關係的大法官會議（註49）才有命令違法審查權，而與人們有訴訟上直接關係的法院則無此權力，殊不足保護人民，司法亦不足以被稱為最後的一道防線，因此應認為法官對行政命令有違法審查權，此亦為大法官會議釋字第137號解釋所支持。

《《註釋》》

註 1：參照69、11、21青年戰士第三版、左上角。

註 2：邱主任委員創煥69、11、20在競選活動展開前夕之呼籲，載69、11
、21中華日報第一版。69、11、21、中國時報第一版、69、11、21
聯合報第三版。

註 3：台南縣主任委員楊寶發先生呼籲，載69、11、21大華晚報第六版。

註 4：中央選舉委員會中央巡迴監察員召集人郭為藩69、11、21呼籲，載
69、11、21民族晚報第二版。

註 5：69、11、21中華日報第二版社論。

註 6：見69、11、21中華日報第二版。

註 7：參照69、11、21台灣新生報第二版社論。

註 8：參照城仲模著「行政法之基礎理論」，頁4、20。

註 9：參照雄川一郎著「現代における行政と法」載「現代の行政」岩波
現代法講座第4冊，頁3、4。

註10：參照林紀東著「行政法總論」第15版，頁2。

註11：參照周冶平著「刑法總論」民國61年版，頁20～28。

註12：參照城仲模著前揭書頁4、5。

註13：同註8，頁8、9。

註14：參照城仲模著前揭書頁23、40。

註15：參照田上穰治著「權力分立」載行政法講座第一卷，有斐閣、昭和
41年再版第3版，頁5～7。

註16：參照林紀東著前揭書，頁4、5、6。

註17：同註15，頁4。

註18：同註 8，頁13。

註19：參照林紀東著前揭書頁48～64。

註20：諸權協力思想，見林紀東著前揭書，頁54。

註21：如城仲模著「論依法行政原理」，載氏著前揭書頁１～16。張瓊文著「從法治國家思想之演變論依法行政原則」政大碩士論文，六九年六月。

註22：參照林紀東著前揭書，頁50。

註23：參照林紀東著前揭書，頁53，城仲模著「論依法行政原理」，載氏著前揭書，頁４。黃守高著「現代行政法之社會任務」，頁95。

註24：黃守高著前揭書，頁95。

註25：參照城仲模著前揭書，頁４。

註26：參照黃守高著前揭書，頁95。張瓊文著前揭文，頁76～80。

註27：參照黃守高著前揭書，頁95、96；林紀東著前揭書，頁53、54。

註28：參照林紀東著前揭書，頁52。

註29：參照林紀東著前揭書，頁68～76。

註30：參照城仲模著前揭書，頁12。

註31：關於「形式法治國家與納粹極權之關係」，參照張瓊文著前揭論文，頁11～15。

註32：參照「概念法學、自由法論與批判可能性」，本書第26頁。

註33：其實，「法源」一語本身具有多義性，若將法源定義為「裁判之大前提」，則法理不得作為裁判之直接依據，而只能作為形成大前提的指導理念，法理只是補充間接的法源。見碧海純一著「法哲學概論」頁168～171。

註34：參照張瓊文著前揭論文，頁15～21。

註35：參照本書第 25 頁。

註36：參照本書第 26 頁。

註37：參照黃守高著前揭書，頁161～168。

註38：參照黃茂榮著法律解釋學基本問題（Ⅱ）：法律補充。載台大法學論叢第六卷第二期。頁51。

註39：同註37。

註40：參閱翁岳生著「憲法之維護者」載行政法與現代法治國家，頁475。

註41：參照翁岳生著「行政訴訟制度現代化之研究」，載氏著前揭書，頁391～412。

註42：參照城仲模著「行政救濟制度與實務」，載氏著前揭書，頁501～515。

註43：蔡志方先生認為，本於刑教合一之思想，監所並非不可歸司法院職司，與本文意見不同。見氏著「分權法理之探討」，頁122。

註44：憲法第八十條規定：法官須超出黨派以外，依據法律獨立審判。

註45：參照林紀東著「中華民國憲法釋論」重訂第31版，頁268、269。

註46：同註44，頁269。謝瀛洲著中華民國憲法論，四七年版，頁818。

註47：參照翁岳生著「論命令違法之審查」，見氏著前揭書，頁115～122。

註48：參照「依法行政與批判可能性」，本書第 42 頁。

註49：除司法審查外，尚有行政、立法、監察、考試等審查，參照同註46，頁113、114。

4 法之明確性

● 概說 *56*
● 法律統一與法之明確性 *58*
● 法律漏洞與法之明確性 *59*
● 不確定法律概念與法之明確性

不確定法律概念與裁量的區別／不確定法律概念不能避
免之原因／從抽象化的過程看不確定法律概念／從規範
之一般性看不確定法律概念／本文對不確定法律概念的
態度

● 裁量與法之明確性 *65*

概說

　　法治國家爲了保障人民自由、權利的機能，必須藉「法」明確規定政府行使權力的權限範圍，確認國家的權力是有限的，如此才有可能預測、預見國家行爲的發展。所以，在法治國家下，國家行爲的可預測性，卽法之可預測性，而其可預測性則以法之明確性爲前提。於是研究影響法之明確性的因素，並進而提高法之明確性，有助於法之預測及發揮法治國家的保障機能。

　　本文認爲，影響法之明確性的因素，至少有①法律之不統一，②法律漏洞之存在，③法律概念之不確定、④裁量權之範圍等項。法律會因爲法律不統一、漏洞之存在、不確定法律概念的存在、主管機關裁量權過大、判例未充分被整理或被遺忘而降低法之明確性，降低可預測性的程度，降低被批判的可能性。但反過來說，如果法律概念具有高度的明確性、主管機關絕無裁量權、或判例（判決）有絕對的拘束力，百分之百提高了法之明確性，那麼是否到了法治國家「完美」之境？如果不是，其理何在？以下分項敘述之：

法律統一與法之明確性

　　一事多法，如何決定其適用？勢必影響法之明確性。因此，法律的統一或法律適用的統一的例子，在國內例如動員戡亂時期公職人員選舉罷免法於六十九年五月十四日公佈以前，關於選舉罷免的法規，中央有「動員戡亂時期自由地區增加中央民意代表名額選舉辦法」及其「施行細則」、「國民大會代表選舉罷免法」及其「施行條例」、「臺灣省各縣市公職人員選舉罷免監察委員會組織規程」、「臺灣省妨害選舉罷免取締辦法」，在台北市則有「臺北市公職人員選舉罷免規程」、「臺北市妨害選舉罷免法取締辦法」……等多種法規，較諸世界各國法例，選舉罷免法實有統一法典的必要（註１）。至於一事多法及統一法律之適用的例子，例如對於涉及外民事案件，我國制定有「涉外民事法律適用法」，就涉及外國的案件，依該法以決定應適用何國之法律。

　　在我國關於一事多法的例子仍多，基於法治國家保障機能，法之可預測性的觀點，實有研究「統一」之必要。例如，關於「土地」之法規錯綜複雜；關於「公務員」的概念，公務員服務法、任用法的規定不一；關於勞工法應統一勞動基準法、稅法、勞工安全衛生法；關於出版品的取締有出版法、台灣地區戒嚴時期出版物管制辦法，使用查禁圖書目錄應行注意事項、台灣省戒嚴期間新聞紙雜誌圖書管制辦法等可望於解除戒嚴後改善；在刑法方面，過多的刑事特別法使「刑法」幾至喪失功能。

惟須注意，法規的統一並不是盲目的，法規的統一更與「法律愈少愈好」不同。因爲法律是由正義、道德、習慣或其他原始規範中成長出來，爲了精確、明確、體系的要求，本來就含有「複雜化」的進化意義，這可以從愈是高度法治的國家其法令愈多的現象即可明白。所以，法律統一仍須按照規範事物之性質「去蕪存菁」，凡是須有分化、細密、層層規制的地方，即不得吝嗇使用文字規範之。要知道欲以「半部論語治天下」般簡單的原始規範來處理如此複雜世事的企圖，是行不通的。

法律漏洞與法之明確性

以上法律之統一是存在於整個法律（或法規）與法律間之問題，比這個問題更小的是法律漏洞之問題。法律是由於①立法者思慮不周，②立法者自覺對擬予規範之案件了解還不夠而不加規範，③在法律上有意義的情事變更，常會產生漏洞，使法律具有「違反計劃的不圓滿性」，這種漏洞所具有的不圓滿性，不管是應該規定而未爲規定，或不應規定而規定，都會造成法之不明確，而有礙於人們以和平方式調節利益衝突的企圖，此時，法院必須進行造法的嘗試，來塡補法律的漏洞。（註2）。

從批判（或檢證）可能性的觀點看來，法律漏洞的發現

及其填補，是司法機關批判立法機關所為之立法是否有「體系違反」具體行動。因為，在權力分立的政治制度下，立法機關「優先」享有將憲法原則以立法方式具體化在國民日常生活中的權力，這個具體化的過程要求「下位規範」組成一個在邏輯上及價值上沒有矛盾的體系，立法機關固應避免在立法階段造成體系上之違反，司法機關也有義務與權利，在法律的適用過程中，審查既存的法律是否有體系違反的情形，如果有，便應儘可能的在法律解釋或補充漏洞中，透過體系因素的考慮，將可能的體系違反予以排除；並且，如果體系的違反不能透過「法律解釋」或「法律補充」使之與憲法的意旨相符，便進入法院的「違憲審查權」問題，這其中固然基於裁判之「個案性」，至使普通法院沒有將該法律宣佈為無效的權力，但至少應認法院在個案中有拒絕適用違憲法律之權力（註3）。接著反過來檢討「法院造法」、「法律補充」等被批判（檢證）之可能性或法律補充之限制問題。在此須注意「法律保留原則」限制了關於人民基本權利的法源，並透過「依法審判」及「依法行政」的原則約束了司法機關及行政機關「補充法律」的權力（註4）。至少，在「罪刑法定主義」、「稅捐法定主義」等原則的拘束下，於刑法上、稅捐法禁止類推適用。

不確定法律概念與法之明確性

較諸法律與法律間的統一問題，以及屬於法律體系上所構成的法律漏洞，存在於特定法條上的「不確定法律概念」所造成的法之不明確性問題可能較小；可是，如果不確定的法律概念是一個普遍的現象，每個法條都含有不確定的法律概念，則「積少成多」，不確定的法律概念終究是探討法之明確性中的一項主題。

不確定法律概念與裁量的區別

不確定法律概念普遍存於各個法領域。例如，憲法上的「增進公共利益」；民法上的「誠信原則」、「善良管理人的注意」、「故意背於善良風俗」、「認為有必要時」，刑法上的「猥褻」、「致生公共危險」、「防衛過當」、「因己意中止」……；在行政法上的「業務上有不正當行為」（醫師法）、「結衆遊行」（選罷法）……簡直不勝枚舉。人們對於不確定法律概念的了解，常常會發生「見仁見智」的現象，同時對於某一特定事實是否符合該不確定法律概念亦常發生困擾，而不能「自信」凡此現象皆足以影響法之明確性。

更糟的是，人們不僅不能確定了解不確定法律概念的本身，更不了解不確定法律概念存在之問題，亦即不了解不確定法律概念與裁量的區別。例如，我國醫師法第二十五條規定「醫師於業務上如有不正當行為或精神異常，不能執行業

務時，經衛生主管機關認定後得撤銷其執業執照或予以停業處分」。在此「醫師於業務上如有不正當行為或精神異常，不能執行業務時」屬於法律構成要件，其中「業務上不正當行為」、「精神異常」、「不能執行業務」都是不確定法律概念；至於「衛生主管機關認定後得撤銷其執業執照或予以停業處分」為法律效果，主管機關是否採取行動，採取行動後究竟撤銷其執業執照或予以停業處分，俱為行政機關行使「裁量權」之問題。此種區別，今日看來似乎明顯，可是至少在二次世界大戰以前，大部分法學者「一直對於羈束裁量與自由裁量之區別執迷不悟，竟將部分不確定法律概念視為羈束裁量，部分不確定法律概念與自由裁量混在一起，而將不確定法律概念之適用完全以裁量來說明」，嚴格區別不確定法律概念與裁量是戰後德國法學的一大成就（註5）。據學者研究結果，不確定法律概念之了解是一種「認識」（Erkenntnis），「判斷」之問題指向於一個正確的客觀答案，為求客觀，判斷者應撇開個人對判斷目標的主觀影響；而裁量是一種意志行為或選擇，須加上個人之意志，為了「裁量」不能避免加入主觀的影響（註6）。所以，正如同第三人「判斷」車子之行速，但速度只能有一正確答案，司機「裁量」車子之行速，得以主觀意志決定車速一樣，醫師之表現是否構成業務上不正當行為，亦只有一個正確答案，不容判斷者加入主觀成分，至於構成之後，衛生主管機關是否採取行動，或為撤銷執業執照，或予以停業處分，則為主管機關

意志所決定之事項。

　　以上不確定法律概念與裁量得以在觀點上加以區別，並在原理上承認對於不確定法律概念只有一「正確」、「客觀」之了解，限縮了主觀的意志決定所能馳騁的範圍，只有「裁量」才能加入裁量者的意志，很明顯的提高了不確定法律概念被批判（或檢證）的可能性，這是規範上科學活動的一項大成果。

不確定法律概念不能避免之原因

　　人們在科學認知上的探究是不能自滿的。因此，當人們知道在「原理上」不確定法律概念有一正確答案時，便忍不住要使那一正確答案「事實上」擺在吾人面前；此一追求實涉及不確定法律概念存在之原因的過程中，如果不確定法律概念的存在有其「正」的功能，或存有不能避免的原因，勢必影響吾人探究那一正確答案的態度：

從抽象化的過程看不確定法律概念

　　「抽象化」是人類獨具的能力，人類憑藉抽象化的能力建立許多科學上及哲學上的理論，然後以理論解釋說明許多事物和現象（註7），倘人類無抽象化的能力就不能建立理論，而只能依靠經驗，一件一件個案式地去了解事物和現象所謂「抽象」，是從具體的事物中，單選擇出它們所具有的某一性質加以孤立，繼而又把對於這一性質所有的經驗和知

識推廣運用到具有同樣性質的其他事物上，例如我們從「紅血」、「紅紙」、　紅布」、……之中單獨抽出「紅」這一性質，即爲「抽象化」。凡經抽象化的「共相」具有普遍性及永恆性，因其具有普遍性，故不受某一具體事物所限制；因其具有永恆性，不受事物變動之限制。所以，縱使抽象的語詞具有危險性，人們還是少不了它（註8）。

　　法律概念不外是文字之使用，以文字描寫事物本身即具有「抽象化」的意義，更因其抽象故在性質上不可能擺脫爲「不確定法律概念」。如果欲將不確定法律概念自法律中除去，則「業務上有不正當行爲」等概念，勢必改成「未經主管官署許可擅登醫事廣告，或醫師爲醫治承攬行爲，或醫師業務過失致人於死……」等龐大之條文，並且喪失了普遍性，更何況如此改法仍不能免去其具有「不確定」之特色，再如，「結衆遊行」如改成「結三十人以上遊行」，固然概念確定，但未免流於僵化而不具普遍性。

從規範之一般性看不確定法律概念

　　法律爲指向將來，規範一般人、一般事件，性質上必須具有「一般性」、「抽象性」。所以，波昂基本法第七〇條規定立法權時謂「立法權爲：在國家種種活動領域中，確定具有一般拘束力、自個別事件脫離的法規範之權能」。多數學者更認爲，一般性爲法律之本質要件或法治國法律不可缺之要件。亦卽，法律之一般性使法律保障最低限度自由、平

等、安全,使公平競爭及「預見可能性」成為可能,在一般化去掉受規範客體獨有的特性後,才可能平等、安全、競爭(註9)。既然「一般性」是法治國家型態的法律所不能缺少之特質,則不確定的法律概念亦是法律所不能避免者。

本文對不確定法律概念的態度

　　既然不確定法律概念不能避免。所以,在法治國家保障機能和法之可預測性的要求下,吾人實應將注意力轉到對不確定法律概念的控制上。以下從司法保護及不確定法律概念的認識能力論之。

　　從司法保護的觀點控制不確定法律概念,便是行政機關對不確定法律概念之認識、適用是否受司法審查之問題,關於此問題,學說見解未見一致。在西德Hermann Reuss認為法院有權全部加以審查(註10);Otto Bachof則認為不確定法律概念容有「判斷餘地」者(例如價值概念),無法辨別正確錯誤,法院無權審查(註11);Carl Her-mann Ule提出「界限事件說」,認為不確定概念在肯定與否定之間有一「界限地帶」,須依行政機關之價值判斷,不受法院審查(註12);Dietrich Jesch認為每一法律概念皆應由「概念核心」與「概念外圍」兩部分組成,前者為概念確定之部分,後者為不確定部分,法律概念所引起的爭論均發生在「概念外圍」,對於行政機關之適用法律,法院原則上有審查權,例外地仍承認行政機關的「判斷餘地」,將不確定法律概

念排除法院的審查（註13）。基於不確定法律概念之「判斷」在原理上係朝向於一正確客觀的答案、司法機關對法律之解釋、適用享有最後審查權、貫徹平等原則、提高批判可能性的等考慮，本文寧願贊同Hermnn Reuss的見解，認為不確定法律概念之認定應受法院的審查（註14），縱使不確定法律概念具有「判斷餘地」、「概念外圍」之模糊部分一時不易判別；然而，這也是人類認識能力之不足而已，人類並不會也不能因認識能力之不足而放棄進一步認識的努力。正因為不確定法律概念不易判別，更應使人們警惕到目前我所做的認定並非「真理」，而只是目前和暫時最精確的認定而已，此認定隨時準備被另一更精確的認定所取代。亦即，行政機關對不確定法律概念的認定，應具有隨時被批判的態度；並且，在權力分立的制度下，司法機關正扮演著批判者的角色。謂不確定法律概念之認定不受審查，正如牛頓定律不受相對論考驗一樣，在科學認識的歷史上，也許是不智的。

裁量與法之明確性

如前所述，對於像醫師法第二十五條法律效果「衛生主管機關認定後，得撤銷其執業執照或予以停業處分」之部分，行政機關享有裁量權。再如，七十六年一月一日修正施行前的票據法第一百四十一條規定發票人違反票據法，處三年

以下有期徒刑、拘役或科或併科該支票面額以下之罰金，法院在此刑度內有裁量權；再如刑事訴訟法第二百五十三條和二百五十四條亦規定檢察官對不起訴處分享有裁量權。又如刑法所規定的「誹謗罪，可處二年以下有期徒刑、拘役或一千銀元以下罰金」。對於此類案件，法院過去均以「罰金」處理，但在陳水扁被告誹謗之案件中，地方法院將其判刑一年，高等法院改為八個月，加上陳水扁又是知名人物，一夕間人人均認為「量刑」暴漲，有失「均衡」。以上裁量權的存在，都足以影響法之明確性。

為此，吾人須自問：裁量權之存在足以影響法之明確性，那麼何以容許其存在？此問題實與法的安定性與妥當性的關係有關。按固定的法律效果不容許主事者「裁量」，固然有助於法的明確性並維持法的安定性；但是世事複雜，法律案件本身具有一般性、抽象性，無法將各案件之特徵表現無遺，而為密密麻麻之規定，自不容許各該事件因該當於同一法律要件，即賦予同一法律效果。所以，只有在立法上容許主事者就具體要件的特徵，給予一最妥當的法律效果。

再就批判可能性的觀點來說，固定的法律效果不容許裁量，固然能提高政府行為被批判（檢證）的可能性，但反過來看，固定的法律效果無疑是立法者過於自信，「確定」的認為該效果最適於該行為，同時欲主事者「絕對」遵守，此亦係一種絕對的意識型態，缺乏批判可能性，如此並非「客觀」的方法。

　　再者，主管機關雖享有「裁量權」，在法律積極明文授權或消極的默許範圍內，合目的地自由斟酌並選擇自己認為正確之作為（註15）。然而，在法治國原理下，該裁量權並非漫無限制，在學者對瑕疵裁量行為進行相當討論，試從裁量行為之外部及內部限制裁量行為以後（註16），德國於一九六〇年一月二十一日公佈「行政法院法」第一一四條即有「如行政官署經授權，依其裁量而為時，法院仍得審查（行政處分），以及拒絕（不作為之行政處分）是否因裁量行為超越法定範圍，或因與授權目的不相符合之方法行使裁量權而違法」之規定，日本行政訴訟法第三〇條亦規定「對行政官署之裁量處分，限於超越裁量權之範圍或濫用裁量權，法院始得撤銷其處分」，我國行政訴訟法第一條第二項「逾越權限或濫用權力之行政處分，以違法論」（註17）。

≪註釋≫

註1：參照周弘憲著「統一選舉法典芻議」載台大法律會法律學刊第六期，頁63～71。

註2：參照黃茂著「法律解釋學基本問題（Ⅱ）：法律補充」，載台大法學論叢第六卷第二期，頁40。

註3：參照同註2，頁59～61。

註4：同註2，頁57。

註5：參照翁岳生著「論不確定法律概念與行政裁量之關係」載氏著前揭書，頁59、60。

註6：同註5，頁61、62。

註7：關於科學之解釋、說明，參照洪鎌德著「思想及方法」，頁147～160。殷海光光著「邏輯究竟是什麼」，頁79～91。

註8：關於語意學上抽象之問題，參照載華山著「語言學」，頁143～163。

註9：參照芦部信喜著「現代における立法」，載現代の立法，頁25～31。

註10：參照翁岳生著前揭書，頁67、68。

註11：參照翁岳生著前揭書，頁68～73。

註12：同註1，頁73～79。

註13：同註1，頁80～86。

註14：相同見解，見黃茂榮著「法律事實的認定及其在規範上的評價」，載台大法學論叢第八卷第二期，頁30、31。「論法條之存在及法律適用上的邏輯結構」，載戴炎輝七秩論文集，頁134、135。

註15：同註1，頁42。

註16：同註1，頁51～57。

註17：同註 1 ，頁58。

5 法之可預測性

● 法治國家之保障機能與法之可預測性 *72*

● 法之可預測性、安定性與批判可能性 *73*

● 影響法之可預測性的因素 *73*

法之明確性／委任立法／判例的拘束力／不溯及既往原
則／法之實效性／事實認定之客觀性

● 法之可預測性與信賴保護原則 *79*

法治國家之保障機能與法之可預測性

　　如前所述，法治國家之特色在於對人民權利之保障機能，亦即透過法律對於政府的權力進行所謂的第二次統制，而不只是對人民的第一次統制，此種統治的雙向性，構成法治國家與專制國家的不同（註1）。為使對政府權力的統制和控制成為可能，必須以國家行為之可預測性為前提，所有國家的行為，包括立法與行政，均包含於一個預先規定的及可預測功能的規範裡面，個人的自由原則上是沒有限制的（註2）。

　　西德基本法第一〇三條第二項規定「行為之處罰以行為以前有法律規定處罰者為限」，以及我國刑法開宗明義第一條規定「行為之處罰，以行為時之法律有明文規定者為限」，即為要求可預測性的具體表現（註3），其他在民事法上，個人及企業應負何種契約上或侵權行為義務和責任，或期待他人負擔何種稅捐，受何種經濟管制或獎勵……，均須保有預測可能性以從事計劃，進行公平的競爭（註4）。此種法之可預測性的要求，在法理學上則表現為法的安定性的要求。

法之可預測性、安定性與批判可能性

　　法具有可預測性或安定性，可使人日積月累產生法的確信，知已當為或不當為，知他人對己之行為是否合法，而產生遵循或抗拒他人違法行為之意識，從而，得提高行為被批判之可能性。惟法之可預測性、安定性之固守，難免有傷具體的妥當性，在法理學上產生安定性與正義、合目的性衝突的問題（註5），在政治上產生「法律的非法」與「超法律的法」互相衝突的問題，在財經制度上產生法律不能配合經濟情勢的問題，凡此皆妨害依具體情況批判現行有效的法令，誠為千古以來的一大難題。

影響法之可預測性的因素

　　即然，法之可預測性是追求法治國家保障機能的要件，那麼接著來討論影響法之可預測性的因素，俾能針對各該因素，以提高法之可預測性，對於法治國之追求是有意義的。

法之明確性

　　法律具有太多不確定的概念，法律效果過於含糊，給予主管機關太多裁量的餘地，皆足以影響法之可預測性，是很容易明白的。其詳細情形我們將在下一篇中討論。

委任立法

　　「委任立法」一詞之含義，本身即已不確定（註六），而委任立法之普遍化、擴大化，更加大影響法之可預測性。大體言之，委任立法乃各機關基於立法機關之授權制定命令性規章（註7），在委任立法的「活動」中，委任立法實包含下列三方面意義：①就行使委任的立法機關的立場來說，所謂委任立法就是制定授權法的意思，②從受立法機關（如部會長）來說，那是委任立法權的行使，即制定命令或規則之行為，③指因上述兩種行為之結果所制定的命令、規則、條例（產品）而言（註8），明乎此，不難了解委任立法被指為「立法權」、「制度」或「法規」之岐義的原因（註9）。

　　根據杜諾模委員會（Donoughmore Committee）報告書的見解，基於下列六項原因，委任立法為現代國家不可避免的現象（註10）：①議會議事時間不足以應付鉅數之法案，②議事主題過於專門技術，③不可預測的偶發事件，④立法機能的彈性問題，⑤立法機關欠缺試行的經驗造成困難，⑥有關緊急權問題，須賦予行政機關緊急立法權。

　　即然委任立法為不可避免之事實，那麼與其在理論上全面否認委任立法之可能性，不如退而求其次，追求委任立法的界限，從委任立法之界限來防止權力分立的崩壞及法治國家的形式化。

　　按委任立法影響法之可預測性、崩壞分權原理及法治國

理念的可能途徑有二：①在制定程序上制定機關是否制定常不明瞭、無從知道何時公佈、或爲不當之擴張，或授權法本身不確定（註11）。於是，如田村浩一教授所言「委任立法之程序應法定化，或讓人民以聽證方式參與其事，委任立法之內容不得及於憲法性或原則性之事項，而僅及於細節、具體或原則性之事項，即使這個區別不明確，但吾人也應從保障國民自由、權利的自由主義與民主主義的政治原理中去探求，絕不能意味委任立法沒有界限（註12），從提高可預測性的觀點來看，應該是可以肯定的。並且，依此方向努力，在立法方面要求立法機關負有制定「法律保留」部分之義務，並不得藉由不確定的概括條款，給予行政機關方便之門（註13）；在司法方面加強司法審查，蓋受議會之委任而立法的機關，其能「代表國民之多數意思」的性格已十分薄弱，其所爲的立法，喪失了「合憲性的推定」之優越條件（註14）。

判例的拘束力

判例是法院過去對類似案件所做的具體決定。判例對以後發生的案子具有拘束力，毫無疑問的可以提高法之可預測性，判例的拘束力也表現了法治國家的平等原則，判例的援用也提高了法律解釋的批判可能。然而，判例之拘束力過於強大，同時也降低了人們對它批判的可能性，其間的難點及因應之道，在前面第三篇已有討論於此不贅。

不溯及既往原則

　　行為受法律的規範，應以行為時的法律為依據，事後頒佈的法律，原則上對以前發生的事實不發生拘束力，此即「法律不溯及既往原則」（註15），此原則的確立，實有助於法之可預測性。「法律不溯既往原則」與刑法上「罪刑法定主義」更是有密切的關係，惟於今日，此原則已非絕對，例如我刑法第二條規定，行為後法律變更為較有利於行為人時，適用裁判時的法律，保安處分則一律適用裁判時的法律。另外，在行政法方面，也有由法律明文規定賦予溯及既往的效力者，例如公務員懲戒法第二十六條規定「應受懲戒之行為，雖在本法施行前者；亦得依本法懲戒之」，公司法第四四七條也規定，公司法修正後，公司登記事項與新公司法有抵觸者，應在一年或兩年內改正。凡此例外，皆足以影響法之可預測性，應儘量避免。

　　73年8月1日，勞基法施行後，關於退休金、資遣費之計算應「一體適用」或「分段適用」勞基法，也涉及此「不溯及既往」之問題，法院許多判決基於不溯及既往原則，推翻了勞基法施行細則第28條「應比照」的規定，（參見拙著勞基法第293頁）。

法之實效性

　　「法的效力」一詞，經語言分析的結果，其中有一種為「實效性」之問題，它的意義簡單的說，就是法律是否實際

上被遵行，亦即，社會上發生的具體事實，雖與法律所規定的抽象構成要件相符，本來應該發生特定的法律效果，但卻因國家未去執行該法律，致該效果事實上並沒有發生。一個法律雖然具有很低的實效性，經常被人違反，也沒有人去執行，但除非已形成不遵守的「習慣法」，它在憲法體系下，仍為現行有效的法律（註16）具有實定性，有隨時再被執行的可能！

　　如此，實效性極為低微的法律，勢必影響法之可預測性。當大部分的案件符合了該法律的構成要件，並未發生應有的效果，而在一個特定的案件上，卻被「嚴格」執行，發生了該有的效果，此事顯然違反了法治國家平等原則（很多地下經濟活動，都是如此）。

　　在過去近四十年的戒嚴歲月裡，根據官方說法：戒嚴法只實行百分之三，在「依法行政」的法治國家原則下，行政者竟公然表示執行法律可以大打折扣，於是在戒嚴法下便產生許多因法之實效性而影響可預測性的例子，例如國家總動員法，結夥搶劫的軍事審判有時輕有時重便是。法律具有極低之實效性，可能引起大多數人對其產生無關痛癢的感覺，而降低了對該法律批判的可能性。

事實認定之客觀性

　　人們做一行為，依據法的認識，本可預測到特定法律效果，卻往往因法院或主管機關事實認定之關係，而生預想不

到的結果，此從地方法院與高等法院就同一案件所為的事實認定完全相反的事例屢見不鮮即可明白，並且也由此說明事實認定之客觀性足以影響法之可預測性。

　　法院為事實認定，須透過物證或人證，以感觀的觀察、人的行為之解說、自然事實之解說、價值判斷為基礎，而含有以下不確定、不客觀的因素：①就感觀的觀察而言，自然事實間的因果關係，就像意思表示，這種法律事實的觀察須透過規範的評價，②就對人的行為之解說而言，了解人的行為須透過「目的的了解」，而相同之行為外觀可能代表不同之目的，並且，了解者社會經驗不足，亦構成了解之障礙，③就對自然事實之了解而言，了解自然事實，在私法上的契約行為須透過對契約的解釋、其他則又須以社會經驗為基礎，可是，有時並不一定已累積足夠的經驗，並進而獲得一致或通說的見解，④由於以上經驗不足或未形成共同的意見，只有由判斷者在規範的觀點下，斟酌存在於該事物或過程的特徵，而自為「評價」（註17），凡此皆足以影響事實認定的客觀性，並且法官並非事實的目擊者，法官之認定事實係根據物證或證人之言，於是又多了一層不客觀的因素。因此，美國法學家佛朗克（Jerome N. Frank, 1889～1957）認為，裁判上之事實並非「客觀」的事實，而是裁判者「認定」之事實，裁判係法官先有決定、再附以理由；證人並非將事實為機械的再現，而係依據「判斷後所作的報告」，此判斷當存有謬誤（註18）。

　　面對以上事實認定主觀性的普遍性，我們除了在訴訟程序上要求「公正程序」以及舉證責任的分配，以期提高客觀性外，更應在制度上增加法官配置的人數，減輕法官辦案的負荷量，使法官有較充裕的審理時間，而身爲法官者，更應了解事實認定之主觀性，打從心底給予當事人更多爲說明、辯論的機會。

　　至於，刑求、賄賂之舉更易使認定事實發生偏差，自不待言。

　　其次，關於自由心證及事實認定之例子，可參看本書第11篇所述。

法之可預測性與信賴保護原則

　　在法之可預測性的條件下，人民因對「法」的確信而有所作爲或不作爲，政府必須保護人民之信賴利益。此種信賴保護之原則表現在行政處分的撤銷上，即爲限制撤銷權之行使，以及在撤銷後對於信賴者的損失補償（註19）。

≪註釋≫

註１：參照碧海純一著，法哲學概論，頁87～89。

註２：參Carl Schmitt，Verfassungslehre，131頁。

註３：參照城仲模著「論法國及德國行政之特徵」，載氏著前揭書，頁40。

註４：參照芦部信喜著「現代における立法」載前揭「現代の立法」，頁27。另參碧海純一著前揭書，頁82。

註５：參照田中耕太郎著「法の本質」，載尾高朝雄等編「法哲學講座」第一卷，有斐閣，昭和31年第１刷，頁38～48。林文雄著前揭書，頁61～74。峯村光郎「法の實定性と正當性」，有斐閣，昭和44年增補初版第１刷，頁153～176。

註６：委任立法與委任命令是否為相同之一件事，學者之用法，爭執甚多，見葉俊榮著「委任命令、委任立法、同乎、異乎？」載台大法律學刊第十二期，頁26～34。

註７：參照管歐著「委任立法的幾點認識」，載憲政思潮第四十二期，頁97。

註８：參照田村浩一著、林秋水譯「委任立法界限的研究」，載憲政思潮第四十二期，頁32。

註９：參照葉俊榮著前揭文，頁26、27。

註10：參照李鴻禧著「現代國家與委任立法」載憲政思潮第四十二期，頁103。

註11：同註８，頁33、34。

註12：同註８，頁34～37。

註13：參照城仲模著前揭書，頁40。張瓊文著前揭文，頁94、95。

註14：同註10，頁104。

註15：參照林紀東前揭書，頁77。

註16：參照黃茂榮著「論法條之存在上及法律適用上的邏輯結構」載戴炎輝七秩論文集，頁127。

註17：參照黃茂榮著「法律事實的認定及其在規範上的評價」，載台大法學論叢第八卷第二期，頁14～31。

註18：參照井上茂著「法規範の分析」有斐閣昭和46年初版第6刷，頁74～98。

註19：參照翁岳生著「行政處分之撤銷」載台大法學論叢第一卷第一期。

⑥ 法解釋學上 客觀性之問題

● 法律家是何等霸道！*84*

● 法律科學的認識與客觀性*84*

　　什麼是客觀性／把「互為主觀的批判可能性」當做客觀
　　性

● 社會科學的價值判斷與客觀性*87*

　　韋伯所謂「價值中立」的要求／社會科學認知的困境

● 法解釋學的特殊性格和客觀性*91*

　　法解釋學上理論與實踐的交錯／法解釋學上目的考察和
　　客觀性／作為應用科學的法解釋學

● 法解釋學上「學說」的問題*96*

法律家是何等霸道！

「看來，法律家是何等霸道！常以客觀性之名，主張自己所為之解釋是唯一正確的客觀解釋。然而在他人看來，法律家卻是何等的卑屈！彼等竟然以為依據法律即可將人類生活規範無遺；又倘若不做如此想，便會感到心境不寧，從而，法律家是何等虛偽不負責！總是將主觀設法隱藏在客觀背後！」——引自來栖三郎《法解釋與法律家》

法律科學的認識與客觀性

二次大戰後的數年間＜法學釋學＞之中心論爭「法解釋學之客觀性問題」使日本學界顯得十分熱鬧，此爭論可歸結成，「在相競合的多數解釋學說裏，是否真的存有能夠判斷客觀性優劣的標準？」

並非只是法學，就是社會科學，客觀性問題也一直為半世紀以來的很多學者所爭論。甚至，放眼觀察，在包含自然科學的一般科學裏，這個問題仍然是很重要。因此，本文先從一般科學上客觀性的基礎論起，再言及社會科學的客觀性，最後討論＜法解釋學＞所特有的若干困難。

什麼是客觀性？

究竟，科學的客觀性是什麼？科學理論是否具有永遠不被推翻、不會錯的絕對真理？古希臘哲學家將與「臆見」相區別而稱爲「真知」（epist erne）的認識理想，認爲就是絕對的真，笛卡爾徹底地懷疑所有的事物，由「我思故我在」的根本命題出發，無非是承繼了希臘的理想主義。連對認識的根據加以極端省察的康德，也以「先驗綜合判斷」（指一命題具有先驗的妥當性，又可提供實在的消息）的形式，承認希臘哲學家所謂「真知」的可能性。

可是，如果依據今日「科學的哲學」所指出的，或至少在經驗科學的領域裏，不管多麼卓越的理論，也很難被視爲具有永久、絕對的正確性。回顧科學認識的發展過程，從曾經被認爲已無修正必要的完美理論（如牛頓力學），卻被後來新理論修正的例子，這種說法是不容置疑的。這樣看來，將科學的客觀性求諸永久、絕對的正確性，和實情不合，這點是可以了解的。

那麼，客觀性是否和大家或至少大多數的人或少數傑出的人一致確信爲真理的主張同義？即使在今天，就有若干哲學家、社會科學家以此種客觀性的主張做爲根據，屢次援用自己對真理的確信。

然而，基於人類知識進步的歷史及我們日常經驗，很明顯的，人人確信的強度和信仰內容的真理性是不同的。

把「互為主觀的批判可能性」當做客觀性

鑑於以上考慮，本文彷效Karl Popper的想法，將客觀性認為具有「互為主觀討論批判的可能性」（intersubjective discussibility or criticizability）依據Popper的說法，為擔保科學認識的客觀性，與其求諸科學家的思想態度，不如求諸科學社會活動的公共性格。一個科學家為了解決問題而提出假說，當然會熱心於收集有利資料（data）來驗證假說，進而支持自己的學說。但是，Popper卻認為促使科學進步的原因，與其說是這種方式的驗證，不如說是努力於提倡新假說去加以反證。

由於在事實上，欲期待提出假說的科學家本人努力於追求反證，由心理學的角度看來，通常是不可能的。不過，從科學史上的無數例子顯示，在學術開放的場合，藉該科學家的論敵之手，卻可達成提出反證的任務。該假說欲成為理論而成為科學之國裏面的一員，必須經得起這些反證的嚴格批判與考驗（這都是大致的說法，在原理上它會被將來新發現的事實所推翻。在這種基礎上，任何卓越的理論，也不能完全脫離假說的暫時性格）。

以上Popper之理論，固然能以學界公共場合上嚴格的批判作為確保科學客觀性之工具。問題是，這種議論、批判究為何物？首先，學問的批判和加諸在對手道德人格、知識能力及其他人種的偏見之攻擊有所不同；其次，學問批判並非

對爭論者既定抱持的世界觀、宗教、道德及其他確信的反論。但是這種說法只不過給予「非學問批判」舉個例子。

　　至於如從積極面加以思考，「學問批判」到底是什麼東西呢？一言以蔽之，就是事理的（Sachlich）批判，若借Popper的話來說，就是邏輯與經驗的批判。那麼，邏輯批判又是什麼呢？它就是運用邏輯分析，指摘對方的理論是否有邏輯上矛盾（例如，對方由某些已知的前題導出無法導出之結論。再如，對方主張是經驗的命題，事實上卻是邏輯必然的眞；所以，無法提供實在的消息）。

　　再者，尋找隱含在資料統計處理、數學推論中的毛病，仍然可以說是一種邏輯批判。與此相對，所謂經驗批判爲依據實驗、觀察等經驗程序所立命題之批判，特別是提出與對方主張相反的例子所作的批判。

　　這裏介紹的Popper之學說，雖然其中反證重於驗證的說法與通說大異其趣，但就其他之要點，依吾人常識性的理解，和現代經驗科學之方法大致是一致的。

　　以上科學認識之客觀性考察，雖只是將注意力放在自然科學上，但我們接著卻有如下的問題，那就是客觀性的考察，在社會科學領域裡到處有其適用之處。

社會科學的價值判斷與客觀性

社會科學上客觀性的問題，從韋伯（Max Weber）一九
〇四年在其論文《社會科學及社會政策認識之客觀性》中正
面提出以來，就像前面所說及的一樣，這半世紀以來一直成
爲社會科學方法論所爭論的中心問題。本文限於篇幅，不克
詳論此爭論，僅就其中最大的爭論點「社會科學與價值判斷
」之問題，加以敘述，並申一己之見。

韋伯所謂「價值中立」的要求

　　韋伯在上述論文中提倡，作爲科學之社會科學想具有客
觀性必須保持價值中立（Wertfrei）。此命題雖然在韋伯日
後的許多論文裏更詳細地被展開，卻遭到非常多的誤解與曲
解。我們這樣講絕不爲過，韋伯絕非主張社會科學領域裏一
律禁止價值判斷，他只是反覆的強調，價值判斷與認識（更
可分成邏輯眞理的認識與經驗事實的認識）是完全不同的。
如果這兩者被有意識地或無意識地混淆在一起，將會對社會
科學的客觀性造成最大的威脅。他也在強調評價與認識區別
之同時，詳盡地考慮到所謂問題的積極面，而且明確指出認
識對實踐所能做的事。

　　對於社會科學認識的客觀性問題和它有關的社會科學價
值判斷之問題，韋伯的基本立場是否正確，至今仍爲人們激
烈爭論著。如果容許我在此發表意見的話，我認爲韋伯的見
解在調和諸多爭論的限度內，根本上是正確的。

　　問題是在於他未必有提出正面的理論。這點正是上面所

論及的科學的公共性格。韋伯的立場，不管從那方面說來，都想從科學家個人的思想態度，來捕捉社會科學的客觀性。相對的Popper的想法老是將公共性格的互為主觀討論、批判，看成保障社會科學及客觀性的工具。

社會科學認知的困境

　　然而，姑且不論自然科學，在社會科學的場合，基於冷靜的邏輯分析及經驗的資料（data），互為主觀的批判討論，果真可能嗎？

　　至少，到今天為止，流行「社會科學」這個名稱的社會，被黨派狂熱、階級利害複雜地纏在一起，已非「十足人性的」營運方式。正視此種情況，豈不是如多數馬克斯主義者所主張一樣：「將社會科學的活動把握成革命實踐活動的一環，此革命實踐活動基於一些價值判斷而起。這些價值判斷已由科學證明，具有正確的客觀性與妥當性，據此，實踐與認識的對立，已為辯證法所揚棄」。

　　這些問題確實是社會科學的困難所在，對此，個人在此斗膽地表示如下意見。第一、科學是否真能證明具有一定內容的價值判斷的正確性乃至於真理性，頗為可疑。所有支持這種可能性的立場，就是倫理學的自然主義（ethical naturalism）。這是韋伯在許多涉及客觀性論文裏傾全力加以批判的，這點不只是韋伯、凱爾生、Popper、Arnold Brecht等受康德影響的大陸法系學者亦是如此，連同英國現代經驗主義的

哲學家，特別是羅素及邏輯經驗主義者，也拒絕這種意義的自然主義（不待言，嚴格區別存在與當為的思考方式，由來於休謨的思想和康德的立場）。如果，倫理學的自然主義的立場是可疑的，則以上所介紹，揚棄理論與實踐之區分的說法，便失去了它重要的依據。

第二、在批判時，實際上會混入人們的感情與偏見，這不只是社會科學必然的現象，即在自然科學亦不能避免，雖然其間有程度上的差別。即使自然科學與理論相對，個人或集團不少從宗教、道德、愛國及其他價值角度，抱持着強烈關心的態度，例如地動說及生物進化論的史實就是有力的例證。然而，這不只是近代科學搖籃期的現象，就是最近的歷史，也提供了一些良好的例子，例如俄國遺傳學史上，從D-enisovich Lysenka與巴比洛夫，關於環境遺傳和染色體遺傳之爭論開始，到Lysenka的失勢，就是一個好的例子。類似這些自然科學上理論認識被價值判斷所搖動的事件經常發生，但是客觀認識在原理上卻是可能的。這些例子之所以發生，主要的正是我們這些懷疑人類今天已具有高度文化的人，幾乎沒有這種認識。為什麼？因為從十七世紀左右開始，在西歐文明裏孕育出摒棄個人信念、社會通念、權威典據、權力者之命令，而依據理性與事實（換言之，即Popper所謂之邏輯與經驗），以探求互為主觀真理的新思潮，到了十九世紀左右已確立成為正統的思想。社會科學的發展歷史尚短，更因為研究對象的特殊性，離自然科學所達到的程度尚遠。但是，

假如一面承認社會科學現有的特殊性，另一面又站在社會科學與自然科學基本上只是程度問題的立場；社會科學與自然科學有同種類客觀性的可能，而且也是我們竭力以求的方向。這種思考方式屬於廣義分析哲學陣營學者，如Popper、Hans Albert Ervest、Negel等人之立場。而且與韋伯價值中立之要求根本上有相同的方向。

以上視社會科學與自然科學只是程度上問題之思考方式，並非只是憑空觀察，而是與科學發展的實情相符。特別是最近行為科學的進步，已逐步摒除傳統社會科學與自然科學嚴格區分之壁壘。社會心理學、社會學固不待言，就是連被誇為古老「文科的」學問的政治學，也可以清楚看出這種傾向。況且，在行為科學這觀念產生以前，在經濟學上早就廣泛的使用計量方法，更是大家所週知的。

以上所談論到的，首先從科學認識，就客觀性做一般性的思考，其次討論到社會科學上之客觀性，以下接著必須來思考社會科學中的特殊例子《法解釋學》的客觀性問題。

法解釋學的特殊性格和客觀性

我們可以承認法解釋學上的主張到底有著何種程度之客觀性？面對此質問，而欲一舉給予圓滿的答案，那根本是不可能的。在此，僅想綜論今天日本學界（特別是戰後法解釋

爭論的結果）多數學者所共認之見解，然後附加一些個人意見。

法解釋學上理論與實踐的交錯

首先，大多數學者一致承認：法解釋學上不能避免理論與實踐（認識與評價）不斷地交錯在一起；因而，以下之事是重要的：法解釋學與自然科學、若干社會科學（如理論經濟學、社會學、人類文化學等）不同，其價值判斷並非偶然導入的，而可說是其本質之要素；假如從法解釋學排除所有的價值判斷，將會喪失掉這個學問的根本性格。換言之，「無價值判斷之法解釋學」固然可得想像，然而，是時縱不改變其名稱，在實質內容上，法解釋學亦作非吾人現在實際所了解的那個模樣。

其次，法解釋學上價值判斷與理論認識以何種型態結合在一起？關於這一點，可以凱爾生（H.Kelsen）所倡導而為來栖三郎所支持的框子（Rahmen, Frame）理論作為一個重要的線索。據此理論，若將法解釋理解成「法律文句意義之認識」，則法解釋不過給我們一個框子而已，認識這框子無須為價值判斷是可能的；而法解釋者之工作，通常到此並未完結，更進一步地法解釋要求在框子裏的多數可能性中選擇其中之一。依據凱爾生之說法，這個選擇已非理論認識之範疇，而是實踐上價值判斷的問題。

十九世紀，在歐陸各國大致達到完全發展的古典法學理

論，依據法源（主要指制定法條文）的解釋及其邏輯演繹，
認爲法律問題有單一、客觀的答案是可能的。與此相對，凱
爾生的看法以爲依此程序所能得到之客觀性雖非全然不可能
，不過，在很多場合它的程度是非常有限的，這個說法接近
於自由法論者的主張。

法解釋學上目的考察和客觀性

　　如果以上思考方式大致正確，則吾人面臨之最重要問題
可歸結成：在所予框子裏的多數可能性中選擇何者才對？以
及這個選擇能有何種程度的客觀根據？如同凱爾生所言，因
爲這個選擇屬於實踐決斷之問題，當然具有目的論之性格。
一般而言，目的的考察可分成目的的選擇及（爲實現已擇定
目的之）手段的選擇。

　　首先就目的的選擇而言，立法的意旨有的可以從法律文
句或其他因素看出者，也有不能看出者，後者固不待論就是
前者由其中所顯示出來之目的，各解釋者間爲單義的解釋，
無寧是很少的。其極端例子，如「公共秩序、善良風俗」、
「公共福利」、「正當理由」等語的引用，實際上，解釋者
可說是擁有無限的解釋可能。一般而言，做目的選擇時有相
當大的餘地導入解釋者自己的價值判斷，在此限制下，吾人
不得不承認法解釋學之主觀性。

　　那麼，手段的選擇又如何呢？韋伯明白表示，特定目的
一旦被決定，要用什麼手段實現該目的？各種手段之效力程

度如何？各種手段又有何副作用（特別是不符本意的副作用）等等問題，完全可以科學地、客觀地討論。而且，此種客觀性之基礎，主要求諸經驗事實之認識。在此意義下，指摘依據傳統的法解釋方法追求客觀性，只不過在極其有限的範圍以內有效而已的自由法論者；還有指責依據邏輯而求安定性的古典思想是一種「神話」的美國現實主義者（Realist），都把補充漏洞的材料求諸經驗的探究，可說是一種自然的趨勢。所以，來栖教授所謂「法律家所能遵從的正確解釋方法，不在從實定法規定的邏輯演繹，而是從現實社會關係的觀察、分析汲取法規範」，在今日已被日本多數（特別是年輕一代）法學家所支持。

然而，不容忽視來栖教授一再的警告，只專心致力於社會事實的經驗探究，並不能單獨導出「科學的價值判斷」。實踐上的價值判斷與事實探究不同，對於前者，吾人無須承擔肩負起該責任，對於後者，吾人必須從正面、有意識地徹底承擔該責任，並且完成它。為實現這個責任而為經濟的探究，只不過能夠提供一些資料，據此資料而為可能是有限而合理的判斷。

作為應用科學的法解釋學

如上所述，韋伯認為社會科學上認識的客觀性，其最重要條件在於要求嚴格區別評價與認識。此要求本身雖然完全正確，但是在法解釋學領域，這個區別又必須有意識地結合

一起。意卽：法解釋這個學問是爲了實現實踐上的目的，而有意識地應用理論認識成果之活動；一言以蔽之，法解釋學富有應用科學的性格，而與龐德（R.Pound）所謂「社會工程學」（Social engineering）同其旨趣。自由法論一面指摘傳統法解釋學上未嚴格區別理論要素與實踐要素而將二者混在一起，一面又於明白表示此學問基本上具有實踐性格之同時，要求確立法社會學，以對應用科學的法解釋學提供理論的認識，此要求於經歷約半世紀的今天，開始可以看出有了逐漸具體的成果。

提高法解釋學上客觀性之最重要途逕有：第一、依照來栖敎授的指摘，要儘可能廣泛地引入經驗的研究成果。第二、從正面公然承認價值判斷不能避免（卽淸楚地承認在做價值判斷），使評價與認識可以時時淸楚地加以區別。關於第二點，可以再加以說明的是，如韋伯特別強調的，社會科學客觀性面臨的最大威脅，是實踐的評價與理論認識的區別模糊不淸，特別是假藉認識之名，以行評價之實。此事雖可以說是社會科學通盤的問題，但特別是在日本，法解釋學的傳統研究方法上，評價與認識的明確區別是一件非常微妙而且困難的事，在此有加以提出指摘的必要。以歷史的眼光看來，日本的法解釋學繼受德國法學的學風，因而在日德法學傳統上，法解釋學上所謂的「學說」被認爲最具有深刻關連的特別重要事情，而此在其他各國學界是看不到的，以下來談「學說」。

法解釋學上「學說」的問題

「在法學的世界裏，學說在研究、實務領域上，都占著重要的地位。但是，在此所謂之『學說』其意義在很多場合中並不一定被充分地檢討。

有志於法學者，若先將買來的民法教科書，從第一頁以下各條之說明讀起，可學到因人而異的不同解釋。積極說、消極說，以及主觀說、客觀說……都出現了。通說也有、少數說也有，因而，出現Ａ主張甲說、Ｂ主張乙說、Ｃ主張丙說……的情況，顯示出各式各樣的學說目錄。

此等甲說乙說就是所謂的學說，集合此等學說加以分類，再由自己創出新的（獨創的？）學說，似乎已成爲法學研究者的任務？」——引自宮澤俊義《學說這個東西——》

在日本通稱的「法解釋學」及「實定法學」從沿革上看來，是經歷中世紀末期、近世初期的意大利以至於歐洲各地活躍的註釋學派（Glossatores）以及後期註釋學派（Post glossatores）研究羅馬源爲開端，隨著各國的繼受羅馬法，而代替原來固有的法律，終於立在傳統的地位上。其中最能忠實繼受中世紀以來傳統的是德國普通法學，而日本的法解釋學受到德國普通法的影響恐怕比其他各國都要強烈。

法解釋學帶有「教義學的」（dogmatic）性格，雖非德日

二國獨有的現象，即在法國、英美亦被一般地指摘出來，但德日的法解釋學畢竟具有法國、英美法學所不具有的顯著特色，第一、兩國法解釋學上（姑不論原則，僅就實際問題）受法源文字的拘束並不是那樣嚴格，這一點和傳統法國法學相比時特別顯著。第二、（與第一點有關連）德日法解釋學上，所有的「學說」乃至於「理論」所占之地位，與他國相比要來得高（依據本段前頭所引宮澤教授的話顯示，在此場合所謂「學說」之表現並不十分清楚，因人因情況，被引用成各式各樣的意義）。

吾人嘗試基於方法論的立場而探究法解釋學的性質時，其中最大的困難可說是圍繞於「學說」的諸多問題。因為，只要稍加考察，就可以明瞭，在我國法解釋學上，幾乎各種主張皆以「學說」之名出現的緣故。宮澤教授在本段落前頭所引用的該論文裏，指出法學上學說至少可分成兩類，而相互其性質。依其分類，第一種學說（例如法國第四共和憲法所定的政治體制r'egime parlement aire 或 gouvernement dassembl'ee）屬於結論是理論認識工作的性質。第二種學說（例如現代刑法關於殺害尊親屬之規定是否違憲之主張）屬於結論是實踐上價值判斷工作之性質。方便上，教授稱前者為「科學性學說」，稱後者為「解釋性學說」，對於後者並特別分析其「說服力」的構成因素。

宮澤教授所謂的「解釋性學說」在法學方法論上提供許多特別困難的問題，其中最重要的恐怕是：圍繞於解釋性學

說的諸多論點（如上述殺害尊親屬問題），有Ａ說、Ｂ說、Ｃ說等多數學說互相對立、競合，其間果真能有某種程度或至少相對性優劣順序的客觀方法？此問題可引導我們走入更進一步的基本問題。這種學說雖然具有經驗認識、邏輯認識以及價值判斷三種要素，然而這三種要素以何種方法互相連結一起？以法解釋學與廣泛意義的社會科學分別思考，作者認為這問題是法解釋學方法論上特有問題群中的中心問題。

然則，與「解釋性學說」別具意味的「科學性學說」如何呢？關於這種學說，根本上看來，實在可以說不是只存於法解釋學上的特有問題，大體上可說是社會科學上一般共見的問題。但是在實際問題上，這種科學性學說的領域於法解釋學的特徵上，難於否認出現了一些困難的問題。第一、科學性學說與解釋性學說的界限極其微妙，特別是後者藉前者外衣出現的場合不少（如行政法學上所謂「特別權力關係之理論」）。第二、以科學性學說為外觀所為的主張中，常常以隱藏的形式混入非純粹認識的要素（即評價、說服的要素），這種現象雖為一般社會科學所常見，不是法解釋學所獨有。但是在法解釋學的領域裡，理論與實踐以及認識者的評價，在非常廣泛的接觸面上，這種「隱藏的說服因素」可以說是格外的豐富。

（本文譯自岩波現代法講座第十五冊「現代法學之方法」於六六年五月發表於台大法律學會法訊第五三、五四期）

（碧海純一著）

7 不確定法律概念

以監察人召集股東會之權限爲例

● 令人畏懼的不確定法律概念 *102*

● 監察人認爲「必要時」得召集股東會 *103*

● 何謂「必要時」經濟部與法院見解分歧 *103*

● 概念過於確定‧是福是禍？ *104*

● 結語：「眞理」也是不確定的概念 *108*

公司法第二二〇條監察人認爲必要時，得召集股東會。

⋯⋯⋯⋯⋯何謂「必要時」？

令人畏懼的不確定法律概念

　　法律除了具保護機能，以保護國家、社會及個人法益，避免遭受他人侵害以外，同時具有保障機能，以保障被告，使被告只有在符合法律所規定的構成要件下，始負擔一定之義務或責任。法的保護機能，是法律自古以來即具有的功能，而法的保障機能則爲近代法治國家始具有之特色（註１）。

　　爲貫徹法治國家保障人權的機能，法律須具有相當的明確性，使人們得以確切地知悉法律的內容，預測行爲在法律下應得之效力，而後決定行爲或不行爲。如果法律規定得不明確或具有太多的不確定法律概念，以致於人們不能確切地掌握法律的內容，而任由法院或主管行政機關解釋、認定，勢必影響法治的實質內容，無形中降低了法治的程度。

　　如依此邏輯下繼續推論，人們總以爲法律規定得愈明確愈好，可是從抽象化的過程及法律之一般性來看，法律是否能達到「絕對」的明確，無不確定的法律概念，實有疑問（註２），以下以司法監察人召集股東會之權限，具體討論之。

監察人認爲「必要時」得召集股東會

　　股份有限公司採董事會、監察人及股東會三權分立的制度，股東會原則上由董事會依法定程序召集（公司法第一七一、一七二條），例外的得由少數股東及監察人召集（公司法第一七三條、二二○條）。由少數股東召集須具備下列三要件：①由繼續一年以上持有已發行股份總數百分之三以上股東召集，②須先以書面記明提議事項及理由請求董事會召集，③須董事會於十五日內不爲召集之通知。但由監察人召集時，公司法僅於第二二○條規定：監察人認爲必要時得召集股東會。此規定顯然過於抽象，令人不知什麼情況是所謂的「必要時」？並且，由於股東會常有選舉董事、監察人、改組公司等大權，更使監察人召集股東會權限之問題重要化，於是糾紛大起。

何謂「必要時」經濟部與法院見解分歧

　　當監察人認爲有必要而召集股東會並作成決議，其他股東及董事認爲「無必要」而否認其決議效力時，便發生了「必要時」認定之糾紛。由於經濟部是公司的主管機關、法院爲糾紛的最後解決者，面臨此類糾紛，雖然是在「史無前例」、「沒有文獻可考」的惡劣條件下，也不能不對「必要時

」作一番解釋。然而,解釋的結果卻不免「見仁見智」。

就筆者手邊掌握的五件資料中顯示,經濟部認爲所謂「必要時」,①應先請董事會於十五天內召集,如不召集時,再由監察人召集(註3),②應於董事會不能召開或不爲召開,且基於公司利害關係始得爲之(註4)。最高法院則意見不一,有一件與經濟部看法相同,認爲「所謂必要時,原則上應於董事會不能召開或不爲召開股東會情形下,基於公司利害關係而召集,始爲相當。蓋依同法第一百七十一條規定,股東會原應由董事會召集。倘董事會無不能召開或不爲召開之情形,任由監察人憑其一己主觀上意思,隨時擅自行使此一補充召集之權,勢將影響公司營運正當狀態,殊失立法原意」(註5)。此外,最高法院於另一案件中卻持與以上相反的意見,認爲「公司監察人之設,在於監督公司業務之正當營運,故所謂必要時,不以董事會不爲召開或不能召開爲限……」(註6)。

究竟,「必要時」是否以①先請董事會於十五天內召集,②董事會不能召開或不爲召開爲要件?實在令人難於決定。

概念過於確定・是福是禍?

就數字來看,顯然有四件的解釋例贊成監察人召集股東會必須在董事會不能召開或不爲召開股東會時始能召開,而

只有一件持相反的看法。

如果依從「多數決」，採取前者的見解似較合理，但這樣解釋難免使人引起以下結論及疑問。

第一、因為經濟部解釋、法院判決的結果，使法律條文原來所規定的「不確定法律概念」趨於確定，這是主管機關解釋以及法院判決先例的正面功能。

第二、主管機關的解釋以及法院的判決將「必要時」解釋成「董事會不能召開或不為召開股東會」，是指必要時「就是」（全等於）董事會不能召開或不為召開股東會？或者董事會不能召開或不為召開股東會「只是」必要時的一種情況？

第三、如果，必要時「就是」（全等於）董事會不能召開或不為召開股東會，顯然「董事會不能召開或不為召開股東會」較「必要時」具體與確定，公司法第二二○條為什麼不乾脆規定為「監察人於董事會不能召開或不為召開股東會時，得召集股東會」，捨棄「監察人認為必要時得召集股東會」的不確定規定，以杜絕大家多餘的猜測？

第四、在公司法第二二○條作以修正以前，將必要時認為「就是」（全等於）董事會不能召開或不為召開股東會別無他種情況足被認為必要時，豈不等於經濟部及法院以「解釋或判決」來「限制」或「變更」了原有的法條，在權力區分、立法及法律修正的權限屬於立法機關的政治制度下，經濟部及法院是否有此權限，不無疑問。

第五、當立法機關將公司法第二二〇條作成上述修正時，是否因爲其較爲「確定」，而爲較優良之立法？請看下列的案例。

甲、乙係××股份有限公司的兩個大股東，甲是董事長，乙是唯一的監察人。甲乙之間發生股權糾紛，甲提出股權轉讓書爲證，主張乙已將其所有之股權百分之九十轉讓給甲，乙監察人資格已當然解任。乙則主張並無轉讓股權之事，「股權轉讓書」係甲所僞造。乙並以監察人之資格，依公司法第二二〇條召集股東會，決議將甲解任，同時選乙爲董事長。甲乃向法院提起「撤銷股東會決議之訴」，主張乙召集股東會不法，理由是乙未先請求董事會召集股東會，董事會也無不能召開或不爲召開股東會之情事，不得認爲符合公司法第二二〇條「必要時」之要件。

在這個案子裏，如果××股份有限公司的董事會是由甲所控制，則乙欲請求董事會召集股東會，根本一點機會都沒有，乙欲維護自己的股權，認爲「必要時」以監察人資格召集股東會，是否仍須以董事會不能召集或不爲召集股東會爲要件，本文認爲至有疑問。

因爲從文義來看，公司法第二二〇條規定監察人「認爲必要時」得召集股東會，並未規定董事會不能召集或不爲召集股東時，監察人得召集股東會。

若從法律體系來看，公司法一七三條規定「少數股東」召集股東會時明文以「董事會不爲召集」爲要件，公司法第

二二〇條並未如此規定。何況，監察人之權限大於少數股東，召集股東會之要件應寬於由少數股東召集者。

再者從法律精神來看，公司法董事會、監察人權力分立的制度，監察人召集股東會不應看董事會的臉色。況且，假如董事會已為不法之行為，監察人欲召集股東會，將董事會之不法行為訴諸股東會，監察人實無先請求董事會召集股東會，並俟董事會不為召開後始為召集之必要。

如果以上的看法可信，那麼公司發生嚴重的股權糾紛或董事會為不法行為，都是監察人「認為必要時」，得召集股東會的例子。換句話說，董事會不能召集或不為召集股東會只是「必要時」的一例，而非「必要時」的全部。最高法院判決及經濟部解釋對於「不確定法律概念」雖具有「具體化」、「確定化」的功能，但這也只是確定在該特定案例屬於不確定法律概念圈圈中（不確定概念具有模糊的外圈）的一例，而非該例即是圈圈（不確定概念）。

仿照幾何學來說，一點不能決定一圓，至少必須三點才能決定一圓，所以一個法院判決係就一個具體情況（例如董事會不能召集或不為召集股東會）確定該「情況」屬於不確定法律概念範圍之內，但我們絕不能反過來說，該不確定法律概念之範圍就是該特定「情況」，因為至少必須有三個不同的「情況」才能決定不確定法律概念的範圍圈有多大。事實上，這也只是假藉「幾何作圓」來加以說明而已，不確定法律概念的確定化，絕非像「作圓」這麼簡單，也非三種情

況即能決定其範圍，恐怕須經過無數的判決，去形成類型，慢慢描出它來。

　　在這個過程中，需要人們謙虛的態度與默默地努力。當人們過於專橫、絕對，僅憑法院或主管機關對於一種情況之認定，即將該不確定法律概念確定為「就是」（全等於）該特定「情況」，此不異扼殺了該不確定法律概念，而代之以該特定「情況」，亦即等於該特定情況法律概念，而代之以該特定「情況」，亦即等於該特定情況立法矣，喪失了不確定法律概念者之原意吧？換句話說，立法者以不確定法律概念立法，是為了保持法律之一般性，使法律能適用於很多場合（註7），以一種特定情況代替不確定法律概念，非立法之初衷，也不一定是較優良的立法。

結語：「真理」也是不確定的概念

　　至此，本文深深覺得人們對於「真理」的追求，與不確定法律概念的確定，犯了一個類似的毛病。

　　「真理」是一個不確定的東西，人們不能確知它是什麼，乃憑著各個人之經驗與體會，摸索出各式各樣的說法，各說它們是「真理」。其實，這諸多說法可能都是「真理」的一例，但我們實無法承認各該說法「就是」（全等於）「真理」。所以，人們在追求「真理」的過程中，應本著謙虛、

寬容的態度，藉著人類生活的體驗，由眾生像慢慢描出，愈來愈接近「真理」。在這當中，我們最怕的是絕對的思想與專橫的心態，硬將個人的體驗指為「真理」，強要他人服從，使該「真理」喪失被批判、反證的可能性，而降低了人們去認知、進而更接近「真理」！

≪註釋≫

註1：參見本書頁36～39。

註2：參見本書頁62～63。

註3：參照商業行政六二年第五次會議決議。

註4：經濟部六一年九月二一日發文經臺（六一）商字第　　五四○號令，五六年一月五日發文經臺（五六）商字第○○○九三號令。

註5：參照最高法院六十八年度台上字第八八○號判決。

註6：參照最高法院六十五年度台上字第一‧○二七號判決。

註7：參照本書頁63。

8 過於確定的法令

以貿易商實績未達被註銷許可為例

1　以貿易商實績未達被註銷許可為例

以貿易商實績未達被註銷許可爲例

劉邦與民約法三章：殺人者死，傷害及盜抵罪。而後關中大定。對於這一個史實，人們得到一個深刻的印象，以爲法令「嚴」而「明」是維持秩序的根本。

然而，法令過於「明確」，執行過於「嚴格」，有時也可能發生重大的弊病。最近，貿易商、出口商因實績未達標準而被註銷許可、登記的事件，就是一個最好的例子。

依照出進口商輔導管理辦法第25條的規定，出口廠商一年內出口金額沒有達到美金５萬元，貿易商進出口總額沒有達到美金20萬元的話，國貿局應註銷其登記或許可。如果依照這個標準，六十九年度因實績未達而應予註銷的廠商應有十萬家，由於茲事體大，於是由行政院三度核定暫緩實施，而僅註銷706家實績未達「５萬美元」（原爲20萬）的貿易商及３萬家實績掛零（原爲５萬）的出口商。惟雖如此，這一些被註銷的廠商紛紛陳情、抗議，國貿局乃考量廠商實際情況，緊急通過四項補充辦法，使部分廠商得以「死而復生」，回復登記。這四項辦法是：①貿易商得變更爲出口商，②七十年有出進口實績者，恢復其貿易商許可，③輸出加工出口品者視爲外銷，④代理佣金收入視同貿易實績。

如果，主管機關不這麼做，而嚴格執行出進口商輔導管

理辦法的規定，勢必使十萬家的廠商遭到「消滅」，而導致數十萬人失業，許多輸出機會喪失以及失信於外國進口商等嚴重後果，所以，主管機關「考量實情」，一次又一次的放寬執行，從「延期執行」、「降低標準數字」，到「四項變通辦法」以各種途徑來為廠商尋找「出路」，用心可謂良苦！

可是，這樣做顯然違反了上述「管理辦法」的規定，換句話說，為了遷就事實，而違反了法令。對於這個現象，我們在讚賞「努力保全廠商」之餘，如果還想到「違法」的不安，就應該想辦法去克服法令的障礙。本問題出在：出進口商輔導管理辦法過於「絕對」、「確定」，「20萬」、「5萬」的數字，完全不考慮各年度國貿「景氣」的不同，也不考慮「19萬5千應予註銷」與「20萬不必註銷」是否公平？尤其是，以「去年」實績為準，完全不考慮廠商前年、甚至一、二十年來的輝煌實績，更是導致民怨的原因。

如果出進口商輔導管理辦法能夠將這些複雜的貿易情節考慮進去，而以較不死板、較有包容性的方式出現，也許會使主管機關不致感到左右為難。

9 偏重形式有害實質的司法實務

——以女性票據犯罪為例

● 從幾項數字來看女性票據犯罪 *118*

● 從刑法總則的理論來檢討女性票據犯·*119*

● 女性票據犯罪之行爲樣態 *121*

● 女性票據犯罪之構成要件該當性 *123*

　　行爲主體／無存款餘額、發票時／構成要件之故意

● 女性票據犯罪之違法性 *129*

● 女性票據犯罪之有責性 *130*

● 女性票據犯罪與共犯 *131*

● 結語 *134*

從幾項數字來看女性票據犯罪

　　一九八〇年我國各地有十二萬名的通緝犯，其中約百分之九十八左右爲「票據犯」，亦卽平均一百五十位國民中卽有一人因違反票據法而遭通緝，使我國成爲世界上「犯罪率」最高的國家。其次，一九八〇年正在各地監獄中服刑的票據犯在一萬人以上，佔人犯總數的五分之二，如果欲將十二萬名的票據犯通緝犯一一逮捕歸案，則須增建十五座「龜山監獄」（抓不得！）。並且，在監禁的票據犯中有百分之七十爲女性（女性較不誠實嗎？）（參見七〇年一月十日中國時報第五版），這一些統計數字代表什麼意義呢？

　　世人皆知，爲了使支票易於流通，支票具有「認票不認人」的特性，亦卽支票具有「文義性」、「無因性」，不管簽發支票的原因如何，也不問原因發生如何變化，只要支票落在善意的第三人手裏，持票人一概可以請求付款，這種純從形式上來看誰有理的特性，在民事責任上已常使發票人或背書人吃暗虧。在刑事責任上，只要在支票上「蓋章」就須負票據責任，而不問基於何種特殊情況、何種動機、蓄意詐欺、週轉不靈、是否故意，一概認定相同之罪責。此種「形式主義」的作法，固然方便，但不免有「怠於明察眞象」、「不合正義」的弊病（原因又出在法院太忙了）。以下我們

以最不符合實際眞象的「女性票據犯」來加以檢討，嘗試說明女性票據犯罪的「眞象」，並且，說明此種案件多麼地不具有反證可能性。

從刑法總則的理論來檢討女性票據犯

在我們的印象中，女性的社會地位不如男性，一般而言，女性處於被動、消極與弱者的地位。雖然，多年以來社會風氣大開，女性受教育、就業的機會大幅度的提高。可是，在基本上仍未完全超越上述被動、消極與弱者的特色，此種特色表現在犯罪上，便是犯罪數目少，具有被動性、感情性，觸犯與男子相牽涉之犯罪（註1）。其中，女性票據犯罪便是最顯著的一例！

筆者於民國六十五年六月參加台大法律系法律學會舉辦的「刑事調查隊」，抽樣調查全省各地院、監獄有關女性犯罪之問題，就調查所得資料顯示女性犯罪竟亦以票據犯者占絕大多數，如嘉義地院六十二年至六十四年間女性犯罪七百三十六件中，違反票據者三百四十九件，占百分比四十七。高雄地院六十五年一月至五月女性犯罪五百七十七件中，違反票據法者三百〇九件，占百分比五十三。比例之高，實在令人難以想像。

查其原因，除了近年女性涉足商場、頻有使用票據之機

會外，更可對於女性犯罪之消極性，被動性及感情性做一說明：蓋吾國社會目前雖如此進步，致力追求男女平等，但是多數女性在經濟活動方面終究立於附屬地位，其所犯票據犯罪，常與其配偶、兒子、雇主、男友有很密切關係，例如，丈夫欲經營商業，或顧及自己之信用、或礙於自己身為公務員之身分，不能以自己名義為經營人，而委諸妻子之名義，在銀行開有戶頭，遇有週轉不靈，支票無法兌現時，即觸犯票據法第一百四十一條之刑責，而實際上開票之人實為其夫，法院每因票據案件繁多，無法仔細調查詳情，多以形式上之名義人為處罰對象，因而，造成女性票據犯。然由此而處罰女性犯人，在法理上是否妥當，是否符合事實，不無問題，讓我們以刑法總則的理論來加以檢討。

刑法總則第十一條規定「本法總則於其他法令有刑罰之規定者，亦適用之。但其他法令有特別規定者不在此限」。所謂「其他法令有特別規定者」其解釋有廣狹二義，狹義者認為僅其他法令有明文規定排除者，始不適用刑法總則之規定，廣義者則認為只須由立法精神及事件性質，可認與刑法總則精神不符者即可排除適用（註2）。

票據法第一四一條關於空頭支票處以刑罰之規定，帶有「行政犯」之性質，如依極端行政犯之解釋，關於刑法上之重要原則，如「行為責任」（只有行為人始受處罰）、「責任條件」（須有故意過失）等毫無予以考慮之餘地（註3）。然而，女性票據犯涉及被動性、感情性及消極性等特殊性格，

真正犯罪者往往為其背後之男性，為了探求事實的真象，勿枉勿縱，以及保有反證可能的科學態度，我們實在不應該因為票據犯罪略帶有「行政犯」之性質而忽略對犯罪內容加以檢討。本文乃基於此女性犯罪之特性，依刑法總則犯罪論之體系，對女性犯罪之實質內容予以討論，期能明瞭其實質犯罪內容，以達成科學求真的基本態度。

女性票據犯罪之行為態樣

依犯罪成立要件三分說的見解，犯罪是符合刑法分則的構成要件、違法且有責的行為。從而，僅構成要件該當性、違法性及有責任性三者為犯罪之成立要件，而「行為」則為犯罪之本體，為一切犯罪成立要件歸屬之對象（註4）。以下我們以「行為」為犯罪理論之出發點（註5），來看看女性票據犯罪的行為態樣。

違反票據法第一四一條既為一種犯罪，當然亦具有以上犯罪論之一般特性，因而吾人乃由「行為論」論起。

女性票據犯既以消極性、被動性為其特性，則在行為類型上自亦與其特性相關，常常涉及夫與妻之關係，而有下列三種情況：第一，妻為營業主，在銀行開有戶頭，雖夫助其經營，但由妻親自簽發使用支票，而違反票據法者。第二、妻為營業主、戶頭之名義，但授與夫代理權，而在支票上表

明代理之意旨，而違反票據法者。第三、妻爲營業主、戶頭，而由夫爲票據之代行，票據上僅有妻之名義，而違反票據法者。

第一種情況，妻爲名義人且爲行爲人，在票據形式上爲負責人，實質上又符合行爲刑法之責任原則，須自對其行爲負責，僅於量刑時考慮其犯罪動機出於被動，或因丈夫而起，惡性較輕而從輕處罰外，不成問題。

所成問題第二種情況票據行爲之代理及第三種情況票據行爲之代行，妻雖皆爲票據之發票名義人，然僅授權他人發票，又依不法行爲不能代理之原則（註6），並無發票行爲，在行爲刑法「個人僅須對自己行爲負責」之基本原則上，如何使之負責，即生問題？此困難似可以「行政犯」之性質加以解決。蓋負行政犯刑責爲「義務人」，而不問其是否自爲違反義務之行爲（註7）。該女性雖欠缺實際上之行爲，然因其擁有「戶頭名義」，即負有「使支票獲得兌現」之義務，違反此義務即受該條刑罰之規範。惟此純爲政策目的之考慮，是否妥當，尚有待斟酌，且因女性社會地位之不利，其所負之責任更應不同於通常之行政犯，而立於優越地位之男性爲眞正之行爲人，亦不能完全依行政犯加以觀察，謂其非「義務人」而不負任何責任？此二點於後面討論。

或有謂，支票爲流通證券，應以形式、外觀爲重，名義人當然須負票據之刑事責任，又何必做如此曲折繁複之解釋？此種說法係誤解票據文義性而極端趨於表示主義之故，與此

相反，票據行爲亦爲法律行爲之一種，當事人之意思仍不可不顧，所謂票據之文義性、外觀解釋原則不過爲一種高度舉證責任之轉換而已，因而，票據法上仍存有抗辯之餘地（註8）。若有因內部授權關係不得對抗善意第三人者，亦僅基於交易安全之理由，使負票據之「民事責任」，絕非能因此而爲內部責任之推定，謂名義人當然須負刑事責任（註9）。此外，夫妻間實際上以票據之代行方式居多，並不在票面上顯示夫之名義，審理票據刑案時，妻亦多不說明緣由，而由自己一人承擔責任，法院也因案件過多，煩於仔細審查實際情況，分別論處，而逕以妻爲唯一刑責人，此種缺失，頗令人注意。

女性票據犯罪之構成要件該當性

依票據法第一四一條之規定，票據犯有三種類型：㈠發票人無存款餘額又未經付款人允許墊借而簽發支票，經執票人提示不獲支付者（第一項）。㈡發票人簽發支票時故意將金額超過其存數或超過付款人允許墊借之金額，經執票人提示不獲支付者（第二項）。㈢發票人於一三〇條所定之期限內，故意提回存款之一部分或全部，使支票不獲支付者（第三項）。

其中，第二項一部支付不能可併入第二項全部支付不能

之情況來處理。至於第三項，以①發票人於發票時有足夠存款、②於提示期限內故意提回存款二點不同於第一、二項，就第一點而言，僅於不成立一、二項時，方有成立第三項之可能；就第二點而言，故意提回存款使支票不獲支付，在犯罪之主觀要件上甚為明確，且不若第一、二項涉及「遠期支票」犯罪主觀要素認定之困難，故亦較為簡單，因而，本文所探討者將以第一項為例。

1 行為主體

　　犯罪皆有主體，此為構成要件所不可缺少之要素。惟同為構成要件要素，有於法條中明文規定者，有未於法條中明定者，前者屬於身分犯，後者則為一般人之犯罪。票據法第一百四十一條三項規定皆以「發票人」為主體，發票人在通常情形，由名義人自己親自為發票行為，具有與銀錢業間之支票資金關係及行為要素，其為票據法第一四一條之「發票人」毫無問題。若名義人委由代理人發票，雖名義人不具行為要求，但因其為「義務人」，亦為票據法第一四一條之發票人。至於，代理人雖具有行為要素，卻乏與銀錢業者之身分要素，是否得為發票人即有問題。有認為此問題並不重要，因代理人若有處罰必要，可以共犯處罰，適用刑法三十一條之規定，雖代理人無發票人之身分，亦可加以處罰。然而，代理人與本人非可一概構成共犯關係（於後詳述），則如何適用刑法三十一條之規定？何況，若本人為未成年人、法

人時，由事實上發票之法定代理人及自然人為處罰對象（註10），共犯身分補充之理論即捉襟見肘，故不若將「發票人」按字面意義解釋包括行為人，而不注重其身分要素為宜。如此，處罰眞正犯罪之男性較為方便。

2.無存款餘額時、發票時

本來，支票爲支付證劵，具有見票即付性，票據法第一四一條所規定之「無存款餘額」及「發票時」無甚問題，但一旦摻入「遠期支票」時，即令人費解。亦即遠期支票中票載日期晚於實際發票時，則本法第一四一條所謂「無存款餘額」及「發票時」究應以何時為準，即屬困難。而依吾國社會習慣，遠期支票之使用又爲不可避免，故現行票據法一二八條第二項規定「支票在票載發票日前執票人不得為付款之提示」，承認遠期支票合法之存在。如此立法，限制執票人於票載日前提示，一方面使支票不違「見票即付」之原則，一方面減低債權人挾持遠期支票威脅債務人之心理，減少遠期支票之濫行，誠爲精良之立法（註11），準比，「無存款餘額」之時及「發票時」當以票載日期為準（註12）。

3.構成要件之故意

構成要件對於行爲具有定型之作用，行爲符合故意犯之構成要件抽象規定者，乃成立故意構成要件該當行爲，符合過失犯之構成要件者，形成過失構成要件該當行爲，分別接

受違法、有責判斷，於是，構成要件該當行為皆以故意過失為一般主觀構成要件要素（註13）。惟刑法以處罰故意為原則，處罰過失為例外，前者無須於構成要件中明示，而過失則須在構成要件中明示，方能加以處罰。票據法第一四一條無處罰過失之明文，雖有主張「行政犯」不適用以上故意過失之原則，雖無明文規定處罰過失，亦有處罰之必要（註14），如此對故意過失似可不必加以討論。然而主觀構成要件要素，在違法性的評價中為主觀違法要素，在責任的評價中為不同的責任類型，故在構成要件中有必要加以論述，以之作為違法、責任判斷之基礎。

何況，不區別故意過失之極端行政犯之說法是否適用於帶有倫理性之票據犯罪，尚有問題。

在發票日與票載日相符之「即期支票」上，其故意之認定，較為簡單；而於「遠期支票」其發票時既以票載日為準，而此票載日與實際發票日相距頗大，且行為人於行為時，外觀上亦係一合法之發票行為，因而對於犯罪結果之認識與意欲，其認定乃成為問題。惟支票為社會上常用、常見之支付證券，使用支票人無不知簽發支票後，即負有給付義務，從而，對自己在銀行中已無存款及空頭支票發生之情事，當無不認識之可能，惟是，對於故意之認定，僅存於是否有意欲一項。

按故意有確定故意與不確定故意之分。舊票據法在票據法犯之構成要件上規定「明知」即屬於確定故意之形式，不

　　僅範圍過於狹窄，而且亦有不當偏頗之處。蓋行為人若於簽發支票時即已確定空頭支票出現，已構成詐欺罪，其刑重於票據法，依牽連犯從一重處斷（註15），當無再適用票據法之餘地矣。故票據犯之故意應以不確定故意居多，即於未必故意之形態，從而，對於票據犯故意之認定，概於認識過失與未必故意之區別上。

　　未必故意與認識過失之區別，在學說上有蓋然性說與容認說之不同，前者以犯罪結果發生可能性之大小為二者區別之標準，後者則以行為人內心是否容忍犯罪結果之出現為斷。依理言之，蓋然性說將行為人內心之惡性決定於客觀上可能性之大小，可謂風馬牛不相及，且所謂「可能性之大小」亦無一決定標準，以之作為認識過失與未必故意之判斷標準，自有未當之處。何況，認識過失與未必故意二者為「質」之區別，不能以可能性之「量」作為決定依據（註16）。

　　依此，簽發遠期支票對於不獲支付雖有高度之可能性，但仍不得依此遽謂發票人具有未必故意，自始即有意使空頭支票發生。且事實上，企業主經營事業，多具有上進之心，彼等簽發遠期支票週轉資金，亦多望自己於票載日前能夠週轉見善，使自己之事業能夠繼續維持欣欣向榮，而自始即存心「空頭」，自暴自棄之輩終究少數。故吾人對於空頭支票之故意，尚須從具體事實予以認定，不能再泥於票據之形式主義，一概妄自推定。

　　按遠期支票不獲兌現之原因有㈠簽發支票之時，自始即

無兌現之信心。㈡遠期支票到期日時，週轉失靈，致無法兌現。㈢簽發遠期支票，到期日忘記存入款項。㈣受市面蕭條或天災影響（註17）。簽發支票，自始即無兌現之信心，明知自己無法兌現而仍為簽發者，當可認為有結果發生之意欲，而使負違反票據法之責任。支票到期日週轉失靈，無法兌現者，須視發票時對於週轉資金是否具有信心及週轉資金之環境如何以為斷，若發票人週轉情況不良，而為一時之急用為發票者，當可認為具有未必故意。至於，到期日忘記存入票面款項、或受市面蕭條、天災影響而致支票不獲兌現者，則無故意之存在。然因票據犯帶有「行政犯」之性質，名義人有使票據獲得兌現之義務，倘依行政犯不區別故意過失之說，亦須加以處罰（註18），惟其違法性、責任性與故意犯不同耳。惟筆者以為，此種說法純係基於政策目的之考慮，對已摻入倫理性之票據犯並不妥當，應不罰為妥。

以上所論，仍就名義人自為發票而言，若涉及由他人為票據之代行暨女性之消極性、被動性、其受制於丈夫之程度，對於票據犯罪之故意認定，自亦發生重大影響。蓋妻授權其夫發票，雖負有不使空頭支票發生之義務，然其作為義務之可能須其明瞭整個營業之情況及隨時注意監督其夫發票之行為，瞭解整個情況之後，而仍容忍空頭支票之發生，仍能構成故意之罪責。

女性票據犯罪之違法性

　　所謂違法性，有二種意義，一為形式之違法，一為實質之違法，票據犯罪須有支票不獲兌現之結果，在形式上違反票據法第一四一條，因此，形式之違法當無問題，故所餘存者僅為實質之違法性，即應從全體法秩序之觀點，全面判斷行為之違法性，而不僅限於結果之違法。果爾，對於違反票據行為侵害法益之性質及大小，行為人之意思型態、行為類型等，均為違法性所應探討之對象。

　　簽發空頭支票，行為人對於執票人之債務並未消滅，故票據犯罪之立法主旨，當不在保護個人財產法益，而係為保護社會交易安全，維持票據制度的施行，故違反票據法當屬於社會法益之侵害。惟雖同社會法益之侵害，仍應慮及侵害法益之大小，作為量刑依據之一，而負一四一條所規定之「票面金額」以下之罰金或為如此之故？

　　關於違法性之理論，雖以客觀違法性說為是，然客觀違法性論僅對行為人作違法之判斷，而在實質違法之意義下，仍須對犯罪行為作全面之判斷（註19）。因此，對於構成行為要素之意思內容當為違法判斷之對象，此即主觀之違法要素。刑法上既有故意構成要件與過失構成要件行為之分，在違法性判斷上有不同之價值，則故意、過失可認為一般主觀違法要素（註20）。票據犯罪姑不論是否處罰過失犯，即就故意犯而言，故意之內容並不一致，有較為確定者、有較為

不確定者，如前所言空頭支票之原因，其自始即無兌現之信心者與因週轉失靈而無法兌現者，在違法評價上不應相同。

實質違法性既須全面觀察犯罪行為之價值，則不僅行為之結果、行為之意思內容為違法性斟酌之對象，即行為之態樣亦應同時慮及。女性票據犯罪之行為態樣，有由女性親自為之者，有由其夫代理者，更有全由其夫代行者，其親自為之者，較後二者非親自為者，評價自應不同。

女性票據犯罪之有責性

責任之理論，向有道義責任論與社會責任論的爭辯，即以人是否具有意思之自由為其關鍵。雖然人格之形成及行為模式無不受遺傳及環境之限制，但人處在社會，終究有依從社會規範之可能，於是，人在面臨行為與不行為選擇之際，尚能具有「正常決定之可能性」，從而，人須對其「不正常之決定」負起責任，而受法律之非難。

惟責任不僅是「有無」之問題，尚是一種「程度」之問題，而此程度如何實決定於非難可能性之大小。例如刑法規定過當防衛、過當避難得減輕或免除其刑，即一方面認為此等行為係違法、有責之行為，但另一方面又基於行為人之緊急情況，無法完全控制自己之行為，而使其僅負較輕之責任，即認其非難性較為薄弱之故。觸犯票據犯罪，行為人主觀

意思不同，所負責任亦應不同。特別是純粹立於「行政犯」性質之考慮，方能處罰之場合，其責任低於普通類型。

女性在社會上，處於弱性、被動之地位，容易被男性利用作為票據犯罪之主體，對於此等犯罪亦同樣具有犯罪之故意，且其為社會之一分子，自然有「不從其夫、捨棄犯罪」之決定可能性，社會亦能期待其為此正常決定，故女性自應負此責任。另一方面，責任有大小程度，須由女性個別其有之情況、環境及教育程度定之。如果女性教育程度高，知道利害關係，則其責任也大。如果女性在家庭地位較高，具有決定、參與力，則其責任亦不同於往日地位之卑賤女性。或甚至「家有悍妻」者，其責任必同於男子，而不復有弱性、被動與消極之可言。

女性票據犯罪與共犯

由調查結果顯示，女性犯罪亦以票據犯罪居多，而由於下列諸因素，此種犯罪在實際處理上每與理論有所出入。①女性票據犯與男性有密切關係，有時實際行為人為女性背後之男性。②女性為了種種因素，於涉嫌犯罪時，往往言詞隱晦，有意一手承担罪責，不肯說出眞象，而成為男性（多為其夫）之代罪羔羊。③票據責任重在形式、文義性，很難舉出反證免除責任，而女性被告又有意隱瞞，更無法查出實際

情況。④票據案件繁多，無法詳細審查，通常以票據名義人為責任主體。於是，非真正犯罪之女性被科以刑罰，真正犯罪之男性反而消遙法外，此不但對女性科以刑罰，無法達成刑罰之目的，男性更利用法院此種之態度，繼續支使女性從事背後之犯罪，實有礙於票據制度之施行及刑罰之任務，故對於此類犯罪有重新檢討對策之必要。其方法，除了儘量調查女性票據犯罪之實際情況，在責任、量刑加以考慮外，對於女性票據犯之共犯形態——男性參與之行為，尚須加以注重，不得引行政犯不罰「非義務人」之看法，將真正具有惡性之男性略去。

票據犯罪之主體為「發票人」，惟雖非發票人而與發票人有幫助、教唆及共同實施者，依刑法三十一條規定，構成票據犯罪之共犯，殆無問題（註21）。於此，欲討論者為「遠期支票」所涉犯意聯絡認定之問題，此在實務上發生最多，不得不加以注意。

共犯除須具備共犯之行為外，尚須具備共犯之意思，亦即共同正犯有共同正犯之意思，教唆犯有教唆之意思，幫助犯有幫助之意思，而此三種共犯之意思皆包括對於犯罪構成要件事實之認識，亦即認識自己所參與之犯罪為何種犯罪。票據犯罪在舊法時期不以「提示不獲支付」為要件，僅以「明知無存款……仍為發票」為犯罪構成要件，於是，行為人對於犯罪構成事實之認識，較為簡單，容易滿足；且舊法並不承認「遠期支票」，執票人得隨時提示請求付款，在犯罪

認定上，無須考慮「何時有何犯罪意思」之問題，更形簡易。反之，現行票據法既以「提示不獲支付」爲構成要件要素，且承認遠期支票之存在，則於認定行爲人「票載時」有意使支票不獲支付，相當困難。行爲人於「發票時」雖無「使支票不獲支付」之意思，但因其具有使支票獲得支付之義務，故其後變爲有使不獲支付之意思者，仍須負責。惟其他人參與票據之犯罪，對於被參與人之犯罪心理過程，無法一一精確得知，因而，對於票據共犯之處理，即不能與舊法時代同視，茲由資料及調查實例說明一二。

例一：甲在銀行存款，開有甲種存款戶，明知已無存款，因友人乙需款給付債權人，遂允乙取其空白支票簽發萬元空頭支票一張，依據舊法可謂有共同正犯之意思聯絡（註22），然而，依據新法，甲是否有意日後使不獲支付（倘爲遠期支票）以及乙是否對甲之此種意思有所認識，尚須深究，否則，實難謂有共同犯罪之意思聯絡，而使負共同正犯責任。惟在此種情況下，甲至少負有義務，必須防止結果之發生，故仍構成犯罪。至於乙，應將票據法第一四一條之「發票人」包括實際爲發票行爲之人，否則甲乙既無共同正犯之意思聯絡，不能適用刑法第三十一條，無法罰及乙矣。從而，在無共同正犯之意思聯絡之情況下，甲乙各別獨立構成犯罪。

例二：乙女授權男友甲上街購買傢俱，言明該套傢俱須以十萬元爲度，並交給甲空白支票一張。詎甲竟購價值二十萬元之傢俱，將空白支票簽發二十萬，作爲給付，後該支票

因存款不足而退票，此時該應刑責？法院依代理權授與契約所定之範圍不可對抗善意第三人，爲理由認甲乙仍須負票據法上之共同正犯責任（註23）。在此例，乙無犯罪之意思，不構成犯罪，何可與甲成立共同正犯？至於，「不可對抗善意第三人」最多可用於民事責任，絕不可用於以犯意爲基礎之刑事責任上。

此二例足以說明，票據犯罪固可成立共犯及適用刑總關於共犯之規定，但其情況尚須各別認定之，不可拘泥於票據之特性，而忘卻刑法各種共犯之成立要件。

結語

十九世紀以來，人們受到自然科學的影響，高唱法實證主義要求客觀的法、安定的法，儘量提高法的明確性、可預測性，以便有效的預測自己的行爲在國家法律下的評價，然後才能計劃生產、累積財富。然而，過份地要求法的安定性，在法理學上難免流於「概念法學」，在法治國家的追求上難免流於「形式的法治主義」甚至形成「惡法亦法」的邏輯，造成合法性的危機，此種危機表現在特重「交易安全」的支票上尤其嚴重。支票追求「文義性」、「無因性」、「外觀解釋」的結果，使發票人（尤其是女性發票人）難於舉證證明自己係屬無辜。加上法院的忙碌，也使執法者養成不再

去探求票據之實質內容的習慣，此皆表示票據犯尤其是女性
票據犯罪鮮有「反證可能性」，發票人幾無證明「不是那麼
一回事」、「我無辜」的可能性。無反證可能性，有違科學
精神，阻礙了知的追求。所幸，票據刑罰已於76年1月1日
廢除。

（附註：76年1月1日起已廢除票據刑罰。本文撰稿於65年
，刊載於刑事法雜誌第24卷第6期）

≪註釋≫

註1：參張甘妹「女性犯罪之研究」，載台大法學論叢二卷一期一五頁。

註2：參林紀東「論行政犯與刑法總則之適用」載行政論文集一六一頁。

註3：同註2。

註4：參蔡墩銘「刑法要義」三〇頁。

註5：參周冶平「刑法總論」九六頁。

註6：代理僅限於法律行爲，令其效果歸屬於本人，凡侵權行爲等事實行爲不得代理，何況犯罪之刑事責任，注重行爲人之惡性，更不得由代理人之行爲求本人之刑事責任。

註7：參前揭林著一六二頁。

註8：債務人自己與執票人個人間之特殊關係，得以對抗執票人，有「物的抗辯」及「人的抗辯」，參照鄭洋一「票據法之理論與實務」八一頁。

註9：此由於民事責任與刑事責任本質不同所致，民事責任以填補損害爲目的，而刑事責任之重心則在行爲人之犯意。參王伯琦「債編總論」六六頁。

註10：參朱石炎「違反票據法罪」載法令月刊十八卷六期。

註11：參照鄭洋一「票據法之理論與實務」六十五月第三八五～三八六頁。彼認爲遠期支票之票載日爲雙方約定付款之日，舊法一二八條第二項無疑鼓勵債權人違背誠信原則，殊爲不當。且依照舊法債權人挾有票載日前提示之強大威力，債權人必樂於接受「遠期支票」，而助長遠期支票之濫風。

註12：最高法院民刑庭總會四九年度第四次會議議決「違反票據法案件之

處罰，其所稱發票時，以票載日期爲準，但提示在前者，以提示日期爲準。」其但書之規定係根據舊法一二八條二項、一二五條五項作成，現行票據法旣已修正一二八條項及刪除一二五條五項，卽不能再有如此決議但書之解釋，從而，發票時應槪以票載日爲準。

註13：參蔡墩銘「刑法要義」四五頁。

註14：林著前揭書一六五頁。

註15：現實例以牽連犯處斷，並認詐欺罪較重。惟有認爲票據犯應吸收詐欺，其說頗有見地。參照王季猛「論我國違反票據法犯罪」載刑事法雜誌十三卷五期。註十六：蔡著前揭書一三三頁。

註17：參司法行政部「違反票據法問題之研究」六三頁。

註18：林著前揭書一六五頁。

註19：參蔡著前揭書七四頁。洪福增「刑法上違法性理論」載刑事法雜誌二十卷二期五頁以下。

註20：蔡著前揭書七七頁。洪著前文，載刑事法雜誌二十卷二期第二五頁以下。

註21：參照梁恆昌「空頭支票犯罪主體之探討」載刑事法雜誌六卷六期。

註22：同前註。

註23：台大法律系六五年刑事調查隊設問及法院解答。

10 自由裁量的客觀性

以客運公司違規之處罰為例

1 法律經常授權行政機關「自由裁量」，
　如何確保自由裁量的客觀性？

法律經常授權行政機關「自由裁量」，如何確保自由裁量的客觀性？

　　台北縣雙和客運公司自六十九年九月一日起，擅自行駛客車進入台北市，違規期間兩個月又兩天，被開單告發五百零八次，經移送省交通處，依公路法第七〇條規定從輕處罰，每張告發單罰款三百銀元，並再予減半。然而，在另外一事件中，大南公車因違規行駛板橋市壽德新村，卻被台北市建設局依公路法第七〇條從重處罰，每張告發單罰款三千銀元。相差已至二十倍實令局外人費解（參見69.12.16聯合報第七版）！

　　前述公路法第七〇條規定的內容是這樣的：公路經營業、汽車運輸業違反本法及依本法發佈之命令者，處三百以上、三千以下銀元的罰鍰，公路主管機關並得按其情節，吊扣其營業車輛牌照或定期停止營業之一部或全部。在此規定裏，主管機關可以在法律所規定的效力範圍內「自由裁量」，從三百以上到三千以下，決定罰鍰的數額，以及決定是否為吊扣執照、停業之處分，並且依學說及實務的見解，行政機關此種「裁量」縱有不當，亦不構成違法之問題，受處分之人不可以訴諸法院，請求司法保護。至此，人們不能不對行政機關享有這樣大的裁量權感到驚訝。

　　以上，法律授權主管機關或法院「自由裁量」法律效力

的例子，在各個法律領域可以說是「家常便飯」。在處理人民與人民間私權糾紛的民法裏，因受當事人「私法自治」原則的支配，由當事人選擇法律效力，法院似無裁量的餘地，但事實上仍有「自由裁量」的例子。例如，法院對於共有物的裁判分割，其分割方法不受當事人聲明的拘束；又如，對於侵權行爲精神上的損害賠償，法院有權裁量「相當」的數額，再如，約定之違約金過高者，法院得減至相當的數額。反之，在刑法、行政法等公法領域，因涉及公權力的參與，法院及行政機關便大大享有對法律效力自由裁量的餘地。其中整部刑法的犯罪類型，除了特別刑法處唯一死刑者外，幾乎以「……者，處……年以下有期徒刑（或罰金或拘役）……」等文句構成，換句話說，法院對於犯罪的處罰，可以在「……以下」或「……以上」之範圍內自由裁量應判處之刑期或罰金。其次，在整個行政法領域，和前例對客運公司處罰「罰鍰」的數額，由行政主管機關自由裁量，其性質與刑法上的裁量並無二致，再如像醫師法第二十五條關於醫師業務上有不正當行爲，主管機關「得」撤銷其執業執照或予以停業處分，也是主管機關裁量權的範圍。

面對此種「處罰」由行政機關或法院自由裁量的情景，不禁使人發生對「法治國家」的懷疑。亦卽，法治國家爲保障人民之權利，政府及法院欲課以人民義務或歸責人民時，一切須依照法律，如果法律本身授與政府及法院這麼多的裁量餘地，任由主事者上下其手，豈不抵銷了法治的美意？何

以我們容許裁量的存在？難道裁量餘地有其存在的正面價值？這些問題實涉及法的安定性與具體妥當性之衝突，因為固定的法律效力，不容許政府及法院自由裁量，固然可以提高法之明確性、可預測性，形成法之安定性。可是，世事複雜，法律的構成要件不可能將事件的所有特徵表現出來，並按其特徵之不同而賦予不同之效力，於是只能將重要的特徵為粗略、抽象、一般之規定，並賦予一籠統之效力（即規定一效力範圍），至於因其事件細節之不同，應得不同之效力，只能由主事者就具體案件做最妥當的決定。

由此看來，裁量餘地的存在，一方面是人類認為能力之不足，無法窮盡事件之所有特徵，並按其特徵為密密麻麻的法律規定，另一方面是為了使人類的判斷力，能夠藉著裁量餘地，進入處理問題的過程，共同追求最妥當的處理。

因此，從批判可能性的觀點來看，固定的法律效力不容許裁量，固然提高了政府及法院行為被批判是否合法的可能性，然而從相反的角度來說，固定唯一的法律效力，排除考慮各案件之細節，並排除依不同情節獲得不同效力的可能性，而喪失追求最為妥當性之機會。並且，固定唯一的法律效力規定，無寧是立法者過於「自信」，以為該固定的效力，是該類案件「最」適合的效力，應被「絕對」的遵守，不容許他人批判，提出不同的意見，此種意識型態的錯誤，實同於在自然科學上相信有絕對的真理一樣。

為明白起見，我們以「支票無存款而退票」之處罰來加

以說明。依七十六年一月一日以前的票據法規定，退票之處罰是「三年以下有期徒刑、拘役或科或併科該支票面額以下之罰金」，構成要件則爲「發票人無存款餘額又未經付款人允許墊借而簽發支票，經執票人提示不獲支付」，在此，退票的構成要件規定得很簡單，顯然並未將發票人的行爲特徵，例如①簽發支票時卽存心「空頭」，②遠期支票到期日時週轉失靈，③受不景氣影響而倒閉，④女子受丈夫之指令而開票……等一一因素考慮在內，如果法律僅規定一個固定的刑罰，將使法院無法按照不同的情節賦予不同的刑罰；並且退票情節複雜，法律勢必無法將這些情節予以窮盡的列舉，卽使欲儘量地予以列舉，各按其情節之不同而賦予不同刑罰之規定，必會造成條文的膨脹，旣不便又違反抽象化過程所具有科學意義。

這樣看來，法律效力容有裁量餘地似乎是不能避免的事。然而，如是看法並非意味著愈大的裁量餘地愈爲妥當。蓋爲維持法治國家保障人民權利的特點，裁量餘地應有其限度，並且裁量應受管制。

其中，裁量餘地之限度有多大，並非明白而卽刻可知的，只有透過實施法治的經驗慢慢去揣摩；其次，裁量時應受法治國基本特徵「平等原則」之管制。卽相同的案件應爲相同的處理。假如，政府或法院對於屬於同一類案型之不同案件，發現因其細節、特徵不同，應賦予不同效力時（卽爲不同之裁量）必須交待理由，以供第三人及當事人批判、檢證

該裁量之妥當性，並避免引起「因人而異」的誤會。

如果對於不同的裁量，不能提出或不能交待其中不同的情節或特徵，即為對相同的案件為不同的處理，難免有違反平等原則的嫌疑。對於此種裁量違反平等原則的事件，最易抵觸人們的正義感，所以，應認為違反憲法上之平等權，容許當事人請求司法救濟或上訴上級審；傳統認為主管機關或法院裁量權範圍內之事項，當事人不得請求司法救濟或上訴上級審（最高法院十九年上字第一三六二號判例），未免過於倔強，致「裁量」無被批判之可能性，而有違科學精神。西德行政院法第一一四條、日本行政訴訟法第三○條以及我國行政訴訟法第一條第二項皆已明文規定裁量逾越權限或濫用構成「違法」，倘若裁量違反平等原則為「濫用」之一種，那麼問題就解決了。

從以上所論來檢討本件客運公司違規之處罰。省交通處對於雙和客運公司之違規每張告發單罰款三百銀元之半顯然逾越裁量之權限，屬於違法事件。至於與大南公車公司之違規處罰相差二十倍，在省交通處說明或公佈原因以前，亦屬有違平等原則，不得僅以「這是我的裁量權」來敷衍人們對公平、正義的期待。最後，當我們看了這項「裁量失平」的新聞，也不必因噎廢食，由此進而全面懷疑裁量餘地存在之價值。須知，面對裁量的危險性，較有建設性的工作是如何管制裁量的濫用！

11 自由心證與
事實認定之客觀性

一以某件民事訴訟證人證言為例

● 自由心證的尊重與批判可能性 *148*

● 執業律師的經驗 *148*

● 判決不公平的經驗 *149*

● 法院歪曲證人的證言 *150*

● 最高法院帶來的正義 *150*

● 改善書記制度 *151*

● 法官退任律師 *152*

● 判決書公開 *152*

● 附錄 *154*

● 最高法院民事判決 *162*

自由心證的尊重與批判可能性

　　法官從事審判，從調查證據、訊問證人、認定事實，到解釋法律、適用法律，都不免必須從事「自由心證」，然後依其「確信」而形成判決。

　　雖然，因為「自由心證」不能避免，在「司法獨立」的憲法體制下，法官的「心證」應該受到尊重，不服「心證」的當事人，應依上訴的程序來批評、檢證依該心證所形成的判決；但是，在一個判決經上訴而「確定」後，為了提供日後在同類問題中反省的機會，則有必要由人們以「學術」的角度，來批判、檢證自己心目中「確信」認為不妥的確定判決。

執業律師的經驗

　　作者執行律師業務多年，常常會被人問到：

　　「你覺得法院的判決是否公平？」、「有沒有碰到什麼案件，你覺得法院的判決有問題？」

　　由於，我深刻的了解法律的解釋、適用、心證之形成等工作是非常複雜的；而且如本書所述，個人基於對「客觀性

」的了解及訓練，我總不習慣堅信自己的法律見解及事實判斷是「唯一的真理」。因此即使碰到「敗訴」的判決，我只會說「見解不同」，而不會輕易懷疑別人，任意猜測。

判決不公平的經驗

儘管我是如此的「保守」。但是，請恕我必須指出，執業六年以來，仍有兩件案件使我深深覺得判決「不客觀」（不客觀的原因是什麼，我不清楚），其一是關於祭祀公業○○價值十幾億元土地的案件，打了十數個訴訟。其二是汐止有件拆屋還地的訴訟（最後我方勝訴）。

第一件（事實上是纏訟十數年）很複雜，而且現在尚未全部結束，現在不便談；說不定等日後塵埃落定時，有機會再來論述。倒是第二件現在已確定，房子也拆了，已成過眼雲煙，有必要在此做一「客觀」的論斷，以了結我當年遭遇「挫折」時立下的「心願」，並為法律的客觀性及心證的客觀性作一見證。

首先必須指出，此案件是最後經最高法院判決確定我方勝訴，我認為「不客觀」的判決，發生在「更審」前的高院判決（以下簡稱高院第一次判決）。

法院歪曲證人的證言

　　高院第一次判決之所以會被我認為「不客觀」，主要的是因為證人○○○事實上並未確實作證「如何如何」，結果高院在判決書中表示「……並經證人劉○○結證屬實，自足信為真實」，接著高院對於雙方爭執所涉「六個法律解釋問題」，也竟一一作「偏向」對方的解釋，此種「不客觀的解釋」，請對法律有研究的人詳閱附錄之判決及作者所撰上訴理由狀，即可知悉）。

　　很感謝，在「敗訴」之後，當事人仍信任我，再委任我上訴予最高法院，最後獲得了勝利。

　　我在上訴理由中，除了一一辯駁「六項法律解釋」之不妥、不客觀以外，開宗明義即「不客氣」的指出：「證人劉○○並未確切證明○○○賣予×××，……原審竟違反證人劉○○之證言，於判決書中擅謂「經證人劉○○結證屬實」，顯有判決違背證據法則之違法，上訴人實難甘心！」（以上詳見附件上訴理由狀）。

最高法院帶來的正義

　　面對上述七大「上訴理由」，最高法院真是乾淨俐落。就「開宗明義」的第一點，果然不出我所料的，輕輕鬆鬆的

撤銷了高等法院第一次判決，發回高院更審。

最高法院指出：

『……證人劉○○於原審亦僅證稱「二十五年前左右，我向○○○買來做工廠，做了二、三年，工廠結束，我就賣給一個做木器工廠的，姓名我忘了」云云（看原審卷第五十頁），並未確切證明爭房屋係○○○賣與×××，原審遽憑上開證據，認定系爭房屋係被上訴人輾轉購自基地承租人，尚嫌速斷，上訴論旨，執以指摘原判決違法，聲明廢棄，非無理由』。

最高法院發回台灣高等法院更審後，高院第二次判決改判我方勝訴，對方上訴最高法院被駁回，我方勝訴確定。後來，也順利地將該房屋拆除，收回了土地。

在這個受害於「不客觀」的過程中，我有幾個感觸，值得司法當局及有關人士來參考檢討：

改善書記制度

①本案對「不客觀」之判決，仍有批判可能性的基礎，在於書記官「獨立」製作的筆錄（如附錄）。因此，本文認為，法律規定書記官職務獨立於審判工作以外，並非推事之「助理」，是有其道理的。遺憾的是，現在事實上書記官已近乎淪為推事的「助理」，因此，為了提高筆錄之客觀性，

在制度上宜糾正過來，應徹底進行「錄音」，使審判過程、證人證言、當事人陳述紀錄完整；並訓練具有「速記」能力的書記官，且適當提高書記官之待遇（現月薪僅一萬四千元左右）。這樣，有了「客觀性」的基礎，也可以減少一再發回更審的比例。所幸現在司法院正在推行「錄音」制度。

法官退任律師

②後來，我無意中閱及「司法官訓練所學員名冊」，發現高院第一次判決審理的受命推事，與對方律師是司法官訓練所「同期同學」。這發現很難阻止我不去「想入非非」，認為他們有「勾結」。當然，這可能只是「巧合」而已，作為一個「客觀性」的擁護者，我實在不應該再「往壞處想」了。不過，一般而論，我倒希望有一天我國能像美國一樣，法官是從「優秀律師」中選拔出來的，而不再流行律師是從法官退下來的。（如果參考律師待遇，將法官薪水提高到八萬元，是一項建立此制度的有利導因，相信有許多優秀律師願意轉任法官，也有許多法官不再考慮退任律師）。

判決書公開

③當初，受到「不客觀」敗訴判決之「挫折」時，我很「激動」，當時「指天發誓」決意將來判決確定時，欲將判決書及推事姓名「公開」，以提高批判可能性！但後來獲得勝訴，「氣」也漸漸消了，漸漸認為「算了」，而且也缺乏「義勇急先鋒」的勇氣。於是，現在「折衷」的結果，只寫下本文作一記錄，但隱去其姓名。不過，我衷心希望有一天，司法院能建立將地院判決及高院判決內容及推事姓名全面刊載於司法院公報（或裁判選輯）的制度，以制度的力量提高判決的批判可能性（先進國家莫不如此）。目前最高法院所出版的裁判選輯值得大聲喝采，但可以再做得更徹底。

④最後，為了提高我以上所論之批判可能性及反證可能性，我將有關判決及上訴理由及文件「隱去其名」後，列為附錄。

附錄一

台灣高等法院民事判決（第一次）

理　由

1. 本件上訴人主張：坐落○○縣○○鎮○○○段○○○小段第○○○○地號及○○○○地號土地爲伊與訴外人○○○、○○、○○○、○○○、○○○、○○○所共有，詎被上訴人未得所有人之同意，擅自占用前述土地如原判決附圖所示甲部分並建築房屋居住，顯係侵害所有權人之權利等情，求爲命被上訴人將地上房屋拆除後，交還土地與伊及全體共有人之判決。

2. 被上訴人則以：系爭土地上之房屋係由原始建築人輾轉讓與予被上訴人，於建築之始曾得土地所有人之同意，並訂有租賃契約，被上訴人受讓房屋，對於其土地出租人仍有租賃關係，非無權占有等語，資爲抗辯。

3. 查上訴人主張系爭土地爲其與訴外人○○○等共有，被上訴人在如原判決附圖甲所示部分居住使用之事實，已據其提出土地登記簿謄本爲證。並爲被上訴人所不爭執，固足信爲眞實。上訴人雖以被上訴人係無權占有系爭土地，請求被上訴人拆屋還地云云，惟被上訴人否認係無權占用，並以前述情詞抗辯。系爭土地由上訴人之被繼承人○○出租與訴外人○○○作爲石灰廠及附帶業務之用，而○○○在系爭土地上所建房屋則

輾轉由被上訴人購得，有被上訴人提出之土地租用契約，不動產買賣契約書、建築改良物所有權移轉契約書為證，並經證人劉○○結證屬實，自足信為真實，按租地建屋之契約如無相反之特約，自可推定出租人於立約時即已同意租賃權得隨房屋而為移轉，故承租人將房屋所有權讓與第三人時，應認其對於基地出租人仍有租賃關係之存在。所謂相反之特約係指禁止轉讓基地之所建房屋之特約而言（最高法院四十八年台上字第二二七號判例參照）系爭土地之土地租用契約，並無禁止轉讓基地上之所建房屋之特約，有該契約附卷可稽。又上開判例所謂承租人將房屋所有權讓與第三人時，應認其對於基地出租人仍有租賃關係存在，係指承租人將房屋所有權讓與第三人時，不以第三人取得所有權為必要，此觀該判例僅謂「讓與」第三人，而不言第三人取得所有權甚明，上訴人辯稱被上訴人未取得系爭房屋之所有權，無該判例之適用云云，顯係誤會。被上訴人既已輾轉自承租人受讓系爭基地上房屋所有權，依上開說明應認其對於基地出租人仍有租賃關係存在，即非無權占用，上訴人以被上訴人係無權占用系爭土地，本於所有權請求被上訴人拆屋還地，即非正當。又系爭土地之原出租人為上訴人之被繼承人○○為上訴人所不爭議，上訴人既係○○之繼承人，自應繼承其被繼承人○○就系爭基地出租人之權利義務，上訴人辯稱其被繼承人○○未得其他共有人之同意所為之出租行為無效云云，自非可取。

4. 上訴人雖又主張依被上訴人提出之租約，記載系爭土地作為石灰廠及其附帶業務用地，惟石灰廠已棄置荒廢多年，先被改變使用為○○盛化工公司，後則淪為住宅，嚴重違反租賃契約之使用目的，上訴人自得依土地法第一百零三條第五款之規定，向原承租人及被上訴人表示收回之意

思，又○○○曾於五十八年一月書立同意書一再提及轉租，且○○○之妹○○○亦曾向轉承租人收取轉承租租金，足證確有土地轉租之事實，上訴人自得聲明收回出租之土地，並已以郵局存證信函向原承租人○○○之繼承人表示收回土地。再原承租人已十餘年未繳分文租金，出租人自得收回土地，並已以存證信函表示收回土地，被上訴人亦從未付分文，上訴人自得催告其於五日內繳納近十年之租金云云，惟查系爭土地之租用契約載明作為石灰廠及其他附帶業務用地，顯係以租地作為建築房屋之用，系爭土地自承租建屋迄至被上訴人輾轉受讓均係供作房屋基地，顯未違反契約使用之目的，系爭土地既未違反租賃契約使用之目的，上訴人片面主張依土地法第一百零三條第五款之規定終止租賃契約，自不生效力。又原承租人○○○於五十八年一月間曾出具同意書略稱：「本人○○○轉租○○○君之○○盛化工公司廠址土地共一八一坪由○○○繼續承租……」云云（見上證二號）雖經證人潘○○證稱確在該同意書簽章，惟該同意書雖曾使用「轉租」字樣，實係因房屋所有權讓與，租賃權轉讓之意思，此觀被上訴人提出之不動產買賣契約書及建築改良物所有權移轉契約即明，並不能證明係將承租土地轉租與他人，至上訴人提出之潘○○出具之收據影本，非但無法提出原本，以證明其真正，且該收據並未載向何人收取何地之租金，亦不能為上訴人有利之認定，上訴人以系爭土地之原承租人轉租為由，主張終止租賃契約收回土地，亦非正當，再系爭基地之已隨同房屋所有權之讓與，移轉與被上訴人，業如前述，上訴人以原承租人欠租金十餘年未付，已催告其繼承人，自得終止租約云云，惟查租賃關係既已移轉與被上訴人，上訴人對於原承租人之繼承人表示終止租賃契約，並不生效力。至上訴人主張被上訴人受

讓租賃權後，亦未付租金分文，上訴人得請其於五日內繳納近十年之租'

金云云，惟上訴人於準備書狀爲上開催告，但未通知被上訴人應繳納租

金若干？其催告自不生效力，則上訴人以原承租人或被上訴人欠租爲由

終止租賃契約，亦不生效力，從而上訴人以租賃契約業經終止，請求被

上訴人拆屋還地亦爲無理由。另上訴人主張其就系爭房屋有優先承買權

，已向原始建築人○○○之繼承人聲明優先承購之意思表示云云，固據

其提出存證信函爲證，惟優先承購必須以同一條件優先承買，在上訴人

有優先承買系爭土地上之房屋權利確定前，被上訴人占有系爭土地旣非

無權占有，並不因上訴人主張優先承買權而受影響，是上訴人以其主張

優先承買權，認被上訴人占有系爭土地爲無權占有，亦非可採。

5.依上所述，上訴人請求被上訴人拆屋還地爲無理由，原審爲上訴人不利

之判決，並無不當，上訴難認爲有理由。

6.據上論結，本件上訴爲無理由，依民事訴訟法第四百四十九條第一項，

第七十八條判決如主文。

附錄二：證人筆錄

點呼證人入庭

劉○○男,19.7.10生，雲林人

問：你與兩造有無親戚關係！

答：無

諭知證人具結之義務及僞證之處罰後命具結

問：兩造系爭房子你知否？

答：是廿五年前左右我向潘○○買來做工廠，做了二、三年　　工廠結束

，我就賣給一個做木器工廠的，姓名我忘記了問：你認不認識蘇○○

答：不認識，他可能是我工廠一位股東的親戚，手續是股東　　去辦的可能登記蘇○○名義。

問：你的工廠叫什麼名字？

答：○○盛化工公司

問：兩造對證人證言有何意見？

均答：無

問：尚有何主張及舉證？

均答：無

問：被上訴人對上訴證物有何意見？（提示）

答：土地謄本無意見，存證信函，不具終止租約效力，其他　　證物否認

諭：本案準備程序終結，另定期辯論

附錄三：上訴理由

　　原審為不利於上訴人之判決，無非採信被上訴人下列之主張：「被上訴人非無權占有系爭土地，蓋原如承租人潘○○於系爭土地上建造系爭房屋，後來潘○○賣予蘇○○，蘇○○再賣予彭○○，彭○○賣予劉○○，劉○○再輾轉賣予被上訴人，依據最高法院四十八年台上字第　　七號判例，可推定出租人於久訴時即已同意租賃權得隨房屋移轉而移轉，被上訴人已輾轉取得土地租賃權，非無權占有。」惟查：

1. 被上訴人始終無法提出原承租人潘○○將系爭房屋賣予蘇○○之買賣契約書，雖被上訴聲請傳訊劉○○以求證明潘○○有賣予蘇○○，然劉○

○於原審證稱：「潘○○曾賣予劉○○」、「劉○○再賣給一個做木器工廠的」，證人劉○○並未確切證明潘○○賣予蘇○○，甚至劉○○上述之證言全與被上訴人自第一審一貫之主張「潘○○賣予蘇○○」相矛盾（詳見72.8.2.筆錄），原審竟違反證人劉○○之證言，於判決中擅謂「經證人劉○○結證屬實」，顯有判決違背證據法則之違法，上訴人實難甘心！

2.原判決違反民法二九七條之規定：

　　按租用基地建築房屋，如當事人間無禁止轉讓房屋之特約，固應推定出租人於立約時，即已同意租賃權得隨建築物而移轉予他人，但租賃權亦屬債權之一種，其讓與非經讓與人或受讓人通知出租人，對於出租人不生效力，此就民法第二百九十七條之規定推之而自明，最高法院七十一年台上字第八○四號判決亦著有明例（附件一）。本件，被上訴人主張輾轉受讓建物，共涉及四次買賣，亦涉及四次之租賃權轉讓，惟所涉之潘○○、蘇○○、彭○○、劉○○及被上訴人均無一人將任何一次租賃權轉讓之事通知予出租人，依上開說明，自不發生租賃權轉讓予被上訴人之效力，被上訴人仍屬無權占有，原判決顯然違背民法二九七條之規定。上訴人迭次於原審言詞中及七十二年九月八日所提書狀中主張此項攻擊方法，原判決漏未審酌，亦有判決不備理由之違法。

3.房屋所有權未讓與，租賃權未移轉：

　　最高法院四十八年台上字第二二七號判例固謂「租地建屋之契約如無相反之特約，自可推出租人於立約時，即已同意租賃權隨房屋而為『移轉』，故承租人將房屋所有權『讓與』第三人，應認其對其地出租人仍有租賃關係之存在」。惟按所謂『移轉』或『讓與』當然係指「所有權之

讓與」，當然以第三人取得所有權爲必要，此亦有最高法院六十九年台上字第二五六七號與本件完全相同之判決（附件二），可資佐證。原判決旣謂「承租人將房屋『所有權讓與』第三人時」，又謂「不以第三人取得所有權爲必要」，顯然矛盾。又原判決謂「該判例僅謂『讓與』第三人，而不言第三人取得所有權……」云云，顯係强將「讓與」與「取得所有權」在概念上予以區分，實難令人贊同。蓋在法律用語上，「讓與」、「移轉」當然係指取得所有權或發生物權變動者而言，此觀民法第七六一條規定之「讓與」可知，此外民法八〇一條、八三八條、八四三條、八四九條、八五三條、八六七條、八六八條、八七〇條、九一七條、九一八條、九一九條……等所規定之「讓與」亦同。

4.原租賃契約載明「系爭土地作爲石灰廠及其他附帶業務用地」，原承租人潘〇〇任令石灰廠荒廢，將系爭土地變更用途經營化工工廠（承租人潘〇〇任令石灰廠荒廢，將系爭土地變更用途經營化工工廠、木器工廠，後則淪爲純住宅，自屬土地法第一〇三條第五款「違反租賃契約」，原判決謂「系爭土地自承租建物迄至被上訴人輾轉受讓均係『供作房屋基地』顯未違反契約使用目的」，苟如此，則「基地租賃」只要不變更爲「耕地租賃」，卽不可能違反土地法一〇三條第五款「違反契約使用目的」，其不合理至明！

5 上訴人於原審提出上證二號潘〇〇出具之同意書上載明「本人潘〇〇『轉租』蘇〇〇君之〇〇盛化工公司廠房土地一八一坪由彭〇〇繼續承租……」，此同意書業經證人潘〇〇證明眞正，顯示原承租人潘〇〇將系爭土地『轉租』予蘇〇〇，並非如被上訴人所主張潘〇〇將租賃權轉讓予蘇〇〇，上訴人據此依土地法第一〇三條第三款之規定終止租約，原判

決未依任何證據即反於上述同意書之「文意」謂非轉租，「實係因房屋所有權讓與，租賃權轉讓之意思」云云，顯然違背證據法則及土地法一○三條第三款之規定。

6. 被上訴人主張伊輾轉「受讓租賃權」，當知租金及租賃條件應與原土地租賃契約（潘○○與闕○訂立）相同，而依照被上訴人在第一審提出證三號「土地租用契約」載明「租金定每年蓬萊米陸佰台斤，依每年六月十五日時價為準折現付給」，數目十分明確，被上訴人自承迄未繳納，原判決竟違背此確定之事實，強謂「上訴人未通知被上訴人應繳納租金若干？其催告自不生效力」，顯然違反土地法第一○三條第三款及民法第四四○條第一項之規定。

7. 上訴人復於原審主張就系爭房屋享有優先承買權，並已經以存證信函行使優先承買權，被上訴人自不得以買受房屋來對抗上訴人，法院須就上訴人此項主張為審理，以判斷在法律上是否有理，原判決謂「……在上訴人有優先承買系爭土地上之房屋權利確定前，被上訴人占有系爭房屋既非無權占有……」其所謂「……確定前」究何所指？是否指另一訴訟行使優先承買權？此項看法在法律上並無依據！蓋優先承買權為一形成權，只須上訴人以意思表示行使（如存證信函）即已確定，法院於本案只須審理上訴人是否有優先承買權，即可將權利義務關係確定！原判決認為「未確定」，要屬違反土地法第一○四條之規定。

8. 綜上七點上訴理由，只要任何一點均足以致不利於被上訴人之判決，原判決為違誤之判斷，實難令上訴人甘服。且因其偏頗之結果，將使上訴人每年負擔十二萬元之地價稅，「免費」供無權占有之被上訴人居住使用，此豈法律之平！為特懇請 鈞院鑒核，賜判如訴之聲明，以昭公理

定正義，發揮糾正違法判決之第三審功能，則法治甚幸！

　　謹　狀

台灣高等法院民事庭　轉呈

最高法院民事庭

附錄四：

最高法院民事判決

主　文

原判決廢棄，發回台灣高等法院。

理　由

本件上訴人主張：坐落台北縣○○鎮○○○段○○○小段第○○○○號及第○○○○七號土地為伊與訴外人○○○、○○、○○○、○○○、○○○、○○○所共有，詎被上訴人未得所有人之同意，擅自占用上開土地內如第一審判決附圖所示甲部分建築房屋居住，顯係侵害所有權人之權利等情，求為命上訴人拆除地上房屋將土地交還與伊及全體共有人之判決。被上訴人則以：系爭土地上之房屋係由原始建築人輾轉讓與被上訴人，於建築之初，曾得土地所有人之同意，並訂有租賃契約，被上訴人受讓房屋，對於土地出租人仍有租賃關係，非無權占有等語，資為抗辯。

原審維持第一審所為上訴人敗訴之判決，駁回其第二審上訴，係以系爭土

地係由上訴人之被繼承人○○出租與訴外人潘○○作爲石灰廠及附帶業務之用，而潘○○在系爭土地上所建房屋則輾轉由被上訴人購得，有被上訴人提出之土地租用契約、不動產買賣契約書、建築改良物所有權移轉契約書爲證，並經證人劉○○結證屬實。按租地建屋之契約如無相反之特約，自可推定出租人於立約時卽已同意租賃權得隨房屋而爲移轉，故承租人將房屋所有權讓與第三人時，應認其對於基地出租人仍有租賃關係之存在。所謂相反之特約係指禁止轉讓基地上所建房屋之特約而言（本院四十八年台字第二二七號判例參照）。系爭土地之租用契約，並無禁止轉讓基地上所建房屋之特約，被上訴人旣已輾轉自承租人受讓系爭基地上之房屋所有權，依上開說明，應認被上訴人對於基地出租人仍有租賃關係存在。上訴人爲出租人闕○之繼承人，自應承受闕○就系爭基地出租人之權利義務，其以被上訴人爲無權占有，本於所有權請求拆屋交地，卽非正當等詞，爲其判斷之基礎。

惟查依被上訴人提出，不動產買賣契約書原建築改良物所有權移轉契約書，僅能證明系爭房屋係被上訴人於六十九年五月間購自訴外人劉○○，劉○○於六十三年九月間購自彭○○，彭○○則於五十八年六月間購自蘇○○，至於蘇○○是否購自原始建築人潘○○，則無契約書可以爲證。而被上訴人指傳之證人劉○○於原審亦僅證稱：「二十五年前左右，我向潘○○買來做工廠，做了二、三年，工廠結束，我就賣給一個做木器工廠的，姓名我忘了」云云（看原審卷第五十頁），並未確切證明系爭房屋係潘○○賣與蘇○○，原審遽憑上開證據，認定系爭房屋係被上訴人輾轉購自基地承租人潘○○，尚嫌速斷。上訴論旨，執以指摘原判決違法，聲明廢棄，非無理由。

據上論結，本件上訴為有理由，依民事訴訟法第四百七十七條第一項，第
四百七十八條第一項判決如主文。

12 價值判斷之客觀性

——以判決之拘束力爲例

● 前言 *168*
● 客觀性與追求客觀的心靈 *169*
● 價值具體化與先例拘束力的心理學基礎 *170*
● 價值對立與價值類型化、體系化 *172*
● 判決對立與判決類型化、體系化 *172*
 ・結語 *174*

前言

　　我們不能避免隨時必須作「價值判斷」，但要如何提高彼此間「價值判斷」的客觀性？

　　台大法言第一○七期「論建設性與破壞性」一文，從價值判斷的主觀性、說服性定義之危險，來檢討傳統對建設性與破壞性二分的誤謬，並呼籲不願像女人一般思考的男人（歧視女性？）以及想以事實來反駁林語堂化如此輕蔑女人的女人，應自為建設性與破壞性的判斷。

　　面對絕對主義的意識型態到處彌漫，人們經常假借「正義」、「真理」之名，行個人價值判斷之實，不容他人有辯解的機會地，遽下「判決」，抹殺他人的想法，而造成現代化障礙的情景，該文作者「小三」先生價值相對的看法和呼籲，本人深為感動地贊同。只是在價值相對、價值主觀性的情況下，欲作為一個勤奮的人，是否還存有我們努力的餘地？亦卽，透過我們的努力，是否有使主觀價值一小步一小步趨於客觀的可能？如果不可能，那麼在規範（價值的一種表徵）的活動上，立法委員、法學家、司法官及其他一切人的努力，豈不是變成毫無意義？本文試以判決之拘束力為例，從人們追求客觀的心靈，來談價值判斷趨向客觀的可能性。

客觀性與追求客觀的心靈

　　談到客觀性，首先成為問題的便是客觀到什麼程度，才會令人感到滿意，而願意承認它具有客觀性。面對絕對主義彌漫，價值觀紛擾以及社會科學對自然科學的特殊性的情景，本文作者不敢有所奢求，去要求那近乎真理客觀，而只是保守的認為，只要有愈高程度的批判可能性、檢證可能性、反證可能性，才有愈高程度的客觀性。這樣的要求看來似乎水準過低，有貽笑大方之譏；然而當我們放眼看去，像「歷史上教廷將哥白尼、伽利略的地動說視為異端邪說」、「醫生看病不給病人診斷書」、「大概三、四個鐘頭」、「愛國有罪嗎？」、「××為惟一真神」……等等沒有或極低批判、檢證、反證可能性的事例層出不窮時，我們當不敢再繼續感到可笑。

　　由此意義下之客觀性來看規範上的活動，自然法與實證法之爭便可獲得解釋。從古代的神權、君權、禁忌、禮、自然法到現代的法律，法律已不如前者「神聖」，它可以被解釋，可以被批判（修正）、可以被反證（規範矛盾）、可以被認定有漏洞，這些正表彰出人們追求「客觀性」的心靈，堪稱為規範上的科學活動。此種追求規範客觀性之心靈，在規範實證化後並未因而終止，相反的在相同心靈的支持下，價值具體化、體系化以及判決的拘束力，乃有其心理學上的

基礎。以下試論之

價值具體化與先例拘束力的心理學基礎

當甲說：「根據公平正義，乙應賠償丙新臺幣一萬元」、「根據神的意旨，丁應判處徒刑三年」，這樣的判決，乙、丙、丁及其他任何人很難了解什麼是公平正義與神的意旨，也無從檢驗、反證乙、丁之所作所為是否真的違背公平正義與神的意旨。相對上，當甲說「根據民法第×條乙應賠償丙一萬元；根據刑法第×條丁應判處有期徒刑三年」時，便具有較高的檢證、反證可能性。然而，法律規定相對上雖較自然法等規範客觀，但終究是以有限抽象的文字來規律社會中無窮的具體案件，某人某個具體的行為是否符合法律所規定的構成要件，以及當法律無規定時應如何處理，都是裁判者一直困擾的問題，於是，裁判者便苦心地思索經由何種途徑能使自己有信心地為判決。判決先例的引用以及因此所發生的判決拘束力便是此種心理背景的產物。

如果，法律是在實現一套價值，那麼法律便是這套價值具體化的結果；同樣的，如果一條法律是在實現一項價值，那麼判決便是該項價值具體化的結果。人是社會的動物，為了心理上的安全，絕大多數的人具有認同團體或他人的傾向，此種傾向亦表現在本質上具有主觀性的價值判斷上。

　　可是，過於抽象之價值，不具有認知因素，他人無法認知，從而亦無法為認同，於是在認同的要求下，惟有使價值具體化，就價值已經具體化的部分，一件又一件個案式（Case by Case）的認同，以逐漸形成一個人的價值觀。

　　判決是特定法官利用審理特定案件的機會，將一項價值具體化下來，後來的法官在碰到情況相同或類似時，除非有特別堅強的理由，絕對不會放棄自己心理的安全感，而為不同之價值判斷。從法官援用判決先例而言，法官必須交代何以其所裁判之案件與其所援用之先例相同或類似，其上級審及第三人也可以檢證是否真如其所言之具有相似性。反之，當法官不欲援用先例時，在安全感的驅策下。他必盡其所能在判決書上說明為何和先例作了一個不同的價值判斷，此之說明就是在檢證該先例，而該法官之上級審及其他第三人亦在檢證前後二判決何者符合法律價值。

　　從以上先例之援用及不援用之過程，不難發現判決先例的介入，較諸單純的適用法條本身，更較諸「公平正義」的適用，具有高度的批判、檢證、反證的可能性，如依照本文前面對客觀性的定義，當可認為有使價值判斷一步一步趨向客觀的可能性。傳統論者，主張判決具有事實上的拘束力，以上心理學上的基礎便是所以發生事實上拘束力的原因；反之主張判決具有法律上絕對拘束力者，則因其「絕對」的主張，已使第三人喪失批判、檢證、反證該判決的可能性，而違反了人們追求客觀的心靈。

價值對立與價值類型化、體系化

一個人平日所重視的價值有多樣多種，從而社會上這麼多人所重視的價值更是各式各樣。於是，不免發生一個人內心的價值對立，以及人與人之間的價值對立。如何調和這些對立的價值，是一件重要而困難的工作。如前所述，價值具體化的結果，使人得以認知自己及他人所追求的價值，這些具體價值一項一項地累積，有時使人更確定、清楚自己或他人在追求某項價值，有時卻使人發現自己或他人對於一件類似事物卻表示出兩種矛盾之價值，這些雜亂無章的價值必須經過不斷的考驗，在發生多次以後，逐一被類型化，甚至完成體系化以後，才能被有效的掌握，才具有被批判、檢證、反證的可能性。於以後再碰到相似場合的時候，才有可能檢討該人是否再表示相同的價值判斷，因而評斷該人是否「有原則」。此外，價值體系化以後，便易於去尋找一個人過去對某類事物所表現的價值「原則」，從而也易於批判、檢證、反證在碰到類似事務時，該人是否遵守該原則。就此而言，價值判斷才有趨於客觀的可能。

判決對立與判決類型化、體系化

　　從整理法院判決的經驗，本文作者深刻地注意到對於類似案件，法院經常作出兩個以上互相對立的判決，如何調和這些對立的判決，也是一件重要而困難的工作。

　　如前所述，判決是法律價值的具體化，法律價值具體化的結果，使人得以認知法律所追求的價值，這些具體化的價值一項一項的累積下來，有時使人更確定、清楚法律所追求的價值，有時卻使人發現矛盾之價值，對於這些雜亂無章的價值，必須不斷累積判決，將之類型化、體系化後，才能使不清楚的價值更清楚，使對立的價值經由「多數決」，形成共同的價值判斷，如此價值判斷才能被有效的掌握，才具有被批判、檢證、反證的可能性，對於以後的類似案件，才有可能檢討是否被作成相同的判決。此外，判決體系化以後，裁判者便易於去尋找對於類似案件，其他裁判者是否作過判決，並檢證該裁判是否正確？自己是否援用該判決先例（例如，王澤鑑先生的法學叢書、黃茂榮先生的植根法學叢書及王廷懋的著作均是關心到判決先例體系化的佳作）？如不援用應如何說明其理由？而使判決更趨向客觀。然而，法院所為對立之判決（判例例外），甚少有互相攻擊，說明為何採不同意見者，這是判決體系化的工作完成前，不容易找到判決的結果。

結語

綜上所論,本文承認價值判斷的主觀性,但更要強調使價值判斷趨向客觀的努力。將客觀性定義成批判、檢證、反證可能性,標準雖然很低,卻可在此定義下,以判決的拘束力,來說明價值判斷趨向客觀的可能性,以判決體系化的工作來作爲促使價值判斷趨向客觀的工作。

至此,回顧小三先生「論建設性與破壞性」一文,發現如果經由具體個案將建設性與破壞性的價值判斷具體化,並逐漸使其類型化、體系化,則至少可以提高檢證、反證、批判某特定人所謂之建設性及破壞性是否有一定標準的可能性,在此意義下,建設性與破壞性的價值判斷似乎亦有趨向客觀的可能。相信特定之人在知道自己對於建設性與破壞性的價值判斷被作成體系時,會更小心的爲建設性與破壞性的價值判斷,以免被譏爲「沒有原則」。

(附註:本文原載於台大大學新聞第五二二期)

13 最高法院決議、 司法院「研究意見」 的批判可能性

● 最高法院決議與司法院「研究意見」的功過 *178*
● 「最高限額抵押之決議影響重大」*179*
● 姚前大法官反對司法院「研究意見」*180*
● 「研究意見」的正面功能 *181*
● 負面作用 *182*

最高法院決議與司法院「研究意見」的功過

　　1981年，我在拙著「法律的客觀性」一書的序言中，開宗明義的表示：

　　「法院及法學家對於同樣一個法律問題，常有見仁見智的現象，而須藉民、刑庭會議決議及司法座談會來溝通彼此歧異的見解（有違司法獨立？），面對此種現象，不禁使人懷疑法律是否具有客觀性？如果沒有，那麼它怎有資格作為維繫公平正義的工具？可是，從另一方面看來，法律有具有過高的『客觀性』，客觀到使人們絕對的確知它的存在，而不敢絲毫反抗，甚至形成惡法亦法的確信，直到有所謂自然法論者才依自然法來全面否認那『客觀』存在的法律？這是多麼矛盾的兩面！其矛盾的原因何在？」

　　由於關心這樣的問題，所以我對最高法院民、刑庭會議決議、各級法院法律座談會、司法院司法業務研究會中之法律問題研討、司法院各廳的「研究意見」等等「制度」的「正面」及「負面」（可能有人未意識到）功過，如同前述「序言」中提到一樣，向來極有濃厚的研究興趣。但是，可能因為自覺見識尚不足以處理此項攸關國家「正義」的巨大問題，因此，十年來均不敢去寫它。

　　不過，近一年來，關於此問題，在司法圈及法律界，連

續發生了下列幾件「大事」，再度引起本人探討此問題的衝動。於是，本文決意延續「法律客觀性」一書中的觀點，來討論。

茲先將近一年來連續發生的幾個事件，摘述如下：

「最高限額抵押之決議影響重大」

①最高法院民庭會議對「最高限額抵押權」作成決議，決定：雖登記「本金最高限額×××元」，但本金連同利息、遲延利息、違約金等時，超過部分即非抵押權所擔保之範圍。

此項決議，據銀行界指出，變更了銀行過去參考最高法院判決先例所深信的「在擔保範圍內」的實務，有許多債權將因此而「意外」的落空，如此形同「修改法律」，並抵觸「法律不溯及既往之原則」，為此，銀行公會全國聯合會透過財政部函司法院建議是高法院「變更或補充決議」。

對此，最高法院復以75年第22次民庭會議決議「維持原議」、且「出席人員研究並無原贊成乙說者改採甲說之意見，原決議不發生複議之問題」，同時又指出「本院民事庭會議決議就最高限額抵押權擔保範圍所表示之法律上見解，並非修正法律，不生溯及既往與否之問題」……（註1），據此算是「拒絕」了銀行界的「抗議」。

姚前大法官反對司法院「研究意見」

　　②前大法官姚瑞光教授發表「論司法院之解釋權與解釋」乙文，對地方高等法院的法律座談會及司法院一、二廳的「研究意見」制度提出直接而嚴厲的批評。

　　姚先生認為「……研究意見」已非第一廳之意見，而為司法院之意見，將之印製成冊名為「民事法律問題研究彙編」，分送各法院庭推參閱，由於司法院為國家之最高司法機關，其所表示之法律意見，具有以公力為基礎之權威性，後因司法院對於各級法院庭推，有裁判書類之審查權及辦案成績考核權，此須解釋，除對於高等法院及地方法院庭長、推事，有「惟命是從」之影響力外，最高法院庭推亦因之而受影響；對於每年應司法官考試及律師考試之考生，並有標準答案之影響力，任何學者不符或相反之見解，難望讀者或學生置信……。

　　「司法院各廳廳長，有未曾擔任最高法院推事者，有僅為最高法院之資淺推事者，其餘工作人員必為年資較廳長為淺之二審法院推事，以年資不深之二審法院推事，負責實際上解釋法令之重任，與上述司法院有解釋權時期，不如遠甚……」

　　進一步的，姚先生還舉出10例，評述「研究意見」之不

當，最後姚先生謂「……以上十則，如係筆者自誤，當不值
識者一笑，文責由筆者自負，不發生公力的影響力。如司法
院解釋之不當，則不應由直接作業人員負責，何人將解釋法
令疑義重要事項，交由二審法院推事處理，應負決策錯誤之
責」、「……在此種情形下，下級法院之裁判維持率，在數
字上雖可提高，但同時亦等於庭推不自行努力研究，遇有問
題，動輒擬成甲乙二說，留待開法律座談討論，將結果報請
司法院核示即解釋之習性，設解釋有誤、則積非成是，裁判
品質，實際上必日趨低劣。此外，從事教學研究或研究法學
之人，面對此種有公力為基礎之解釋，欲為變更或否定其內
容之解釋，則戛戛其難矣」。

「綜上所論，各級法院裁判上所生之法律問題，應由裁
判機關（法院）自行解決，不應由司法行政機關之司法院解
釋該項問題。」（註2）

「研究意見」的正面功能

③姚先生前述「反對」意見於75年10月刊出以後，75年
11月13日司法院的刊物「司法周刊」，立即登出一篇「讀者
投書」，大力評擊姚先生「為反對而反對」，署名者是「貴
刊一群長期讀者」，該文指出：

「……各法院座談意見，經司法院第一、二廳添註「研

究意見」後，宛若畫龍點睛，頓開吾等茅塞，誠屬不可多得之法學素材，每期大家莫不先睹為快」。

「……法律座談會研討結論，僅供法院庭推辦案之參考，並無拘束力，亦不得援引以為裁判之依據……，」姚先生竟謂高地院庭推唯命是從，是高法院庭推亦因之而受影響，尤匪夷所思。

「……各法院間為溝通法律意見，舉辦座談會，衞有必要。第一、二廳就座談會研討結論表示其研究意見，亦有其正面意義……，姚先生以為異，以為怪，從其有「高深之學問、豐富之經驗，廣博之見解與非常之智慧」言之，實不可解。」（註3）

76年3月閱報，報載司法院行文各法院，以後沒有真正法律問題，可以不必開法律座談會，不必為了開例行的法律座談會，而苦心、刻意的去找，甚至自創法律問題，將所謂法律問題轉化成甲說、乙說、丙說的模樣，然後再勉強討論。

負面作用

對於最高法院民、刑庭總會決議，司法院一、二廳「研究意見」等等「制度」，本文列出①②③④件「新聞」所代表的意義是：①關於最高限額抵押權擔保範圍的決議，影響人民的權利義務有時候太大了，銀行界對最高法院之決議「

頗不以為然」，但儘管他們認為最高法院的決議「不妥」，似乎也無法得到「救濟」。②姚先生認為司法院「研究意見」的主持者尚屬「資淺」，不宜作影響力極大的「解釋」，算是反對「研究意見」制度的代表作。③則刊登於司法周刊，強調「研究意見」制度的「正面功能」。

對於最高法院決議、「研究意見」等等「司法行政解釋」制度，本文的看法如下：

當然，「司法行政解釋」制度，有它正面的功能，但也不可否認的，它同時具有負面的功能，應該廢除此種制度，或至少應儘量避免。

這些負面的功能，包括：①傷及法律客觀性所要求的批判可能性或反證可能性，②傷及權力分立，③傷及司法獨立。

從本書一再強調的「批判可能性」的角度（註4）來看，最高法院決議、司法院「研究意見」對法律解釋「統一」工作的完成，正是它傷及批判可能性的時刻，下級法院的法官事實上很難很難再持「反對意見」，再對該統一見解進行批判，這也就是姚瑞光先生所說，「對推事有惟命是從的影響力」、「任何學者不符或相反之見解，難望讀者或學生置信」、「設解釋有誤，則積非成是」、「從事教學研究或研究法學之人，面對此種有公力為基礎之解釋，欲為變更或否定其內容，戛戛其難矣」。此種批判可能性的破壞，將造成社會科學「客觀性」之不存。

雖然在形式上，司法院亦明示「研究意見」並無拘束力

，不得援引以爲裁判之依據；然而不幸的是，司法院主事者「可能」並未「算準」，「研究意見」的影響力竟事實上如姚先生所觀察，來得那麼大。因此本文認爲，司法院主事先生宜實證調查姚先生所言影響力是否眞實（實證調查才準，否則，只是無意義的口舌之辯），如果眞的有那麼強大的影響力，就應檢討此種制度。

最高法院的決議也是一樣

姚先生反對司法院的「研究意見」，其中有一項理由是，主持「研究意見」者屬二審推事或最高法院資淺推事，一般而言，其學識經驗常不如最高法院資深推事。如依此理由，則最高法院決議係由最高法院資深推事所擔任，則其決議之制度，是否應值得鼓勵！從姚先生之文，似乎看不出確切之答案。然而，本文認爲，最高法院決議也一樣，具有負面的作用，由於他的權威，不能避免傷及批判可能性，以「最高限額抵押權之擔保範圍」之決議爲例，其影響人民之權益至大，如果最高法院之決議「不妥」，孰能批判之？

《註釋》

註 1：詳細資料見76.2司法院公報第29卷第 2 期，第79、80、54頁。

註 2：以上詳見75年10月出版法學叢刊，第124期，第 1 ～15頁。

註 3：以上可詳見75年11月13日司法周刊，第298期第三版。

註 4：批判可能性、客觀性，請詳見本書第20頁。

14 自然法與實證法

——以一物二賣爲例

- 問題緣起 *188*
- 一物二賣原買受人有無代償請求權 *189*
  (A)事實／(B)本案問題之所在／(C)兩種說法／(D)學說之真假與對法律之不信任
- 自然法涉入實證法之界限 *192*
  (A)實證法本是規範上科學活動的產物／(B)自然法之功能／(C)自然法涉入實證法應有之界限／(D)本案之檢討
- 方法二元論的可能性 *196*
  (A)事實（理論）與價值（實踐）二元論／(B)法律之價值因素與方法二元保持之困難／(C)本案之檢討

問題緣起

綜觀數千年來的法律思想史，自然法與實證法之衝突及其調合，占了一個絕大部分的篇幅。二次大戰後，審判德國戰犯之問題，使自然法調合實證法之問題，再度尖銳化。固然，為避免實證法之流於形式主義，流為惡法，自然法負有審判實證法之任務。問題是，數千年來實證法化的傾向，自有其「進化」的意義，為避免自然法過分減殺實證法，回復至規範上的「原始」時代，吾人深深覺得自然法調合實證法必須透過「可以被接受」的程序以及自然法之引用必須有其界限。

事實上，時代的思潮經常透過立法變成實證法，時代思潮也透過不確定的法律概念影響司法，這是較清楚的「可以被接受」的程序。至於，像某甲說：「本人根據正義（自然法）判決乙應給付丙一萬元」，以此種形式引用自然法（正義）就不是「可以被接受」的程序，相反的，它是引用自然法的一個明顯界限。

以上，只是屬於「抽象」的講，恐不能提供具體的消息。以下本文擬將此種想法落實在一類具體的案型上加以說明，以提高被認識，被批判的可能性（註 1 ）。

一物二賣原買受人有無代償請求權

(A)事實

甲將一部機器作價新台幣二萬元賣給乙,在未交付前,得知丙之工廠急需該部機器,乃將該部機器再賣給丙十萬元,並自願負擔乙因此所受之一切損失。在此情況下,乙除得依民法第二二六條第一項規定,向甲請求損害賠償,或依民法第二四四條第二項規定撤銷甲丙間之買賣(註2)外,乙可否請求甲對丙之貨款請求權——價金十萬元?(註3)。

(B)本案問題之所在

民法第二二五條第二項規定,因不可歸責於債務人之事由,致給付不能,而債務人對於第三人有損害賠償請求權時,債權人得向債務人請求讓與其損害賠償請求權或交付其所受領之賠償物,此即所謂代償請求權之規定,本條規定可否類推適用(註4)到本案?構成本案問題之所在。

查本案與民法第二二五條第二項有兩個不同之處,致本案不能直接適用(註5)此規定。其不同處即:①本案因「可歸責於債務人(甲)之事由」致(對乙)給付不能,而二二五條第二項係因「不可歸責於債務人之事由」致給付不能。

②本案債務人（甲）對於第三人（丙）之請求權為基於交易行為之價金請求權，而第二二五條第二項債務人對第三人之請求權為損害賠償請求權。從而，本案欲類推適用第二二五條第二項規定，必須克服此二點不同之處。

(C)兩種說法

克服以上兩點不同之處，而使民法第二二五條第二項規定作為判決本案的規範基礎，並不是一件單純的事，因此，在論者之間形成正反兩種對立的看法：

Ⅰ、基於誠信原則乙得請求甲讓與價金請求權

履行債務應依誠實及信用方法，民法第二一九條有明文規定。甲所為之二重買賣，嚴重違反誠信原則，應令乙得請求甲讓與其對丙之價金請求權。否則，豈不是有鼓勵出賣人甲在有利可圖的時候，進行背約一物二賣之嫌。何況，甲已將機器賣給乙，該機器再出賣之利益歸乙享受並無不妥之處。再者，在不可歸責於債務人之情況下，債權人尚得請求代償請求權，本案甲為一物二賣，顯然可歸責於甲，依「舉輕以明重」原則，更應允許乙請求甲讓與其對丙之價金請求權（註6）。

Ⅱ、因甲之能力所獲取之利潤不應由乙享受

接民法第二二五條第二項之立法旨趣在：「債務人因不

可歸責而免給付義務，債權人對債務人已不得有所請求，如使債務人保有損害賠償請求權或賠償物，顯將獲得不當之利益，故債權人有必要行使代償請求權」。在本案若甲憑自己之能力創造出交易機會，因而獲取利潤，此利潤（高價金扣除應賠償乙之損害）由甲享受已非「不當之利益」。就債權人乙而言，代償請求權之標的為原給付之代替物——損害賠償請求權，甲對丙之價金請求權並非原給付之代替物，自不應由乙取得，乙只得依第二二六條第一項請求損害賠償（註7）。更進一步言，商品在市場上獲得最高之價金，可推定獲得最高度之利用，吾人實無必要以「誠信原則」之名，妨礙交易機會，造成物資之浪費。

(D)學說之真假與對法律之不信任

像這樣公說公有理，婆說婆有理的學說之爭，我們學法律的人，把買來的民法教科書，從第一頁開始讀起，即已發現；其中有積極說、消極說、主觀說、客觀說、通說、少數說，從而出現Ａ主張甲說、Ｂ主張乙說、Ｃ主張丙說⋯⋯等等紛亂情況。此種甲說、乙說即為所謂的「學說」，將這些學說集合、分析，然後自創新說，似乎就是法學研究者的任務了（註8）？

面對這種眾說紛紜的情形，不禁令人懷疑：法律具有客觀性嗎？如果法律不具有客觀性，怎能作為裁判的依據？若法律因其特質無法具備客觀性，那麼法律究竟有無存在價值？

凡此皆足以引起對法律之不信任。

自然法涉入實證法之界限

(A)實證法本是規範上科學活動的產物

以上學說之紛爭，仍只在實證法範圍內之爭執，此種爭執已足以引起人們對法律之不信任。若在實證法化更微弱之自然法專長的時代，思想、禁忌的紛雜，必更足以引起人們對規範的不信任（註9）。但人們群居又不能不有規範作爲統制工具，於是，如何提高規範的客觀性，便是人們一直努力的工作，這項工作事實上是規範上的科學活動。

經驗告訴我們，科學從哲學萌芽成長獨立，變成具有可以驗證、批判，互爲主觀的特徵。同樣，吾人亦不應忽視實證法從自然法中萌芽、成長、獨立的辛酸史，「依據法律」代替了禁忌、神權、君權的「一家之言」，使批判可能性、驗證可能性、互爲主觀的特性變成事實。這是規範上科學活動之少許成果，此成果不容輕易廢棄。

(B)自然法之功能

當科學有了一些成就以後，便有「科學萬能主義」的支持者出現，這種思想表現在規範界，便是「實證法萬能主義

」、「法律萬能主義」，原不足爲奇。

　　然而就像過去哲學思想能夠爲科學提供靈感，使科學成長、茁壯，現在、將來的哲學亦能扮演相同的角色一樣，過去自然法使實證法成長、茁壯，現在、將來自然法也同樣能夠。衆所週知，受人類知識能力之限制，科學理論無法保持絕對正確，有隨時被修正之可能；同樣，法律之立法衛受時勢思潮之影響，也有隨時被修正之可能。再就法律之適用而言，民法第一條明白啓示我們「民事，法律所未規定者依習慣，無習慣者依法理」，「自然法」即常藉著習慣、法理之名，影響實證法之適用。此外，法律條文所使用的文字也多半屬於「不確定的概念」，於是「自然法」更是有著太多的機會經由「公序良俗」、「誠實信用原則」、「相當期間」、「善良管理人之注意」、「惡意遺棄」……的認定而影響實證法。也正因爲自然法有像這樣太多太多的機會，而抵銷了法律之科學性。爲避免此種「浪費」，自然法涉入實證法應有其界限。

(C)自然法涉入實證法應有之界限

　　爲避免人們濫用自然法、正義之名，以行個人價值判斷之實，隱匿、減少規範被批判、被驗證、被反證的可能性，以致於侵蝕人類數千年來在規範上爲科學活動的成果，自然法固然有調合實證法之功能，但其調合必須有其界限：

1. 就立法而言

科學的態度，提供科學理論被批評、被驗證的機會。在規範的科學領域裏，各種規範思想也應有被公開批判、驗證的機會。經驗告訴我們，時代思潮常經由立法，而成為一國之實證法。在一個科學態度水準較高的社會裏，應有一條管道，使各種思想都有機會放在公開市場，被批評、被比價、比貨、被採購，最後經由立法，成為一國之實證法。就此點而言，法治、民主乃表現出其可貴的意義；反之，以暴力或革命的方式爭取思想之實證法化，不是該暴力團體不具備科學的態度，便是該社會尚乏完善的科學管道。

2. 就法律解釋而言

因適用法律而從事法律解釋時，文義因素、歷史因素、目的因素、合憲性因素為必須考慮到之因素，這些因素在整個法律解釋過程中擔任不同的任務，發揮不同的功能，協力完成發現規範意旨的任務（註10）。

在文義因素的考慮下，法律解釋必須在「可能的文義範圍」內活動，若超出可能的文義範圍，便不是法律解釋之範疇，而屬於法律之補充（註11），屬於法官造法活動之嘗試，應更格外的小心。在目的（或價值）因素的考慮下，法律解釋必須趨向於法律之目的或價值，而非司法者、解釋者自己恣意之價值。惟儘管如此，所謂「法律之價值」並不是很清楚的，價值常會發生見仁見智的狀況，此種現象除透過價

值具體化及價值類型化的努力慢慢去克服（註12）一部分一部分使互爲主觀成爲可能外，即使在這一天到達以前，解釋者、司法者在爲主觀的價值判斷時，也應該明白表示自己在作價值判斷，以及儘可能地詳述作此判斷的理由，以提高被第三人批判、驗證的可能性。而不應仍在「就法論法」、「惡法亦法」的掩飾下，偷偷進行個人之「價值判斷」（註13）。

3.就法律補充而言

法律對社會生活事實沒有規定，而形成法律漏洞時，又是「自然法」涉入實證法的好機會，此時我們必須加以控制，以免恣意。

法律補充必須按其類型分別進行（註14），不得含混地以「正義」、「公平」、「公序良俗」、「誠實信用」、「保護經濟上的弱者」，等名詞一律地予以合理化。其中，就類推適用而言，一條針對某特定法律事實而爲規定之法律，欲類推適用到另一個不同法律事實之案件，必須此二法律事實在法律上重要之點相同（註15）。至於什麽是該法律重要之點，應以該法條之社會統制目的與立法旨趣定之（註16）。此外，爲類推適用者，也必須說明重要之點相同之理由，以提高被第三者批判的可能性。

⒟本案之檢討

從本文一、C之分析，一物二賣原買受人得否請求出賣人讓與其對第二買受人之價金請求權，受「契約應誠實信用履行」與「極力追求利潤」二價值之影響。在我國「傳統道德」的壓力下，顯然誠實信用居於上風，從而認為原買受人得為此項請求。然而，令本文不敢忽視的是這樣決定是否因太過於泛道德主義，致原買受人獲得超額之利潤，而有「不當得利」之嫌，於是民法第二二五條第二項之立法意旨「不使債務人獲得不當利益」便無法獲得實現。從而，此之類推適用違反了類推之「規則」，破壞了「自然法」侵入實證法應受控制的要求。如果這種案例判決不斷地出現，將一口一口侵蝕規範上科學活動的成果。

方法二元論的可能性

⒜事實（理論）與價值（實踐）二元論

當自然科學裏，製造核子彈的理論與「決定」製不製造二層面之問題亦不能被清楚地劃分以前，牽涉價值問題更多之社會科學、法律學不能避免地陷於事實（理論）與價值（實踐）混淆為一的局面。

其實，製造核子彈的的理論、方程式，是認知、事實層面的問題，這是科學所欲解決的問題，具有客觀性。反之，

決定製不製造核子彈是決策者信仰、價值之問題，此層面之問題，為個人主觀之問題，非科學所能解決者。決定不製造核子彈之價值必須與製造理論之認識，暫時二分，始不致因為價值之干擾，妨礙我們對理論之認識，阻礙人類能力之提高。此種理論（事實）與實踐（價值）分開觀察的方法，在法理學被稱為「方法二元論」（註17）。

(B)法律之價值因素與方法二元保持之困難

像以上在自然科學中所發生的例子，事實（理論）與價值（實踐）容易被劃分。但在法律的領域裏，因為法律是評價規範、法律所使用的文字多屬「價值」語言，致使法律理論（事實）之認識與評價（價值）不易保持方法二元。因而，法律解釋、法律適用常生事實與價值紛雜相混的現象。以下就本案檢討之：

(C)本案之檢討

I、理論問題或實踐問題？

本案，乙得否請求甲讓與其對丙之價金問題，如前三、D所述，本文將之視為「誠實與信用」與「追求利潤」二價值衝突問題，苟如此，則無論採那一種說法，此係價值判斷之問題，無真假之可言。反之，若因本文對本問題認識不夠，不知本問題在理論上可以解決，有真假問題（註18），則不問依理論應採那一說，本文因認識能力之不足，已使理論

與實踐無端糾雜在一起。

Ⅱ、價值與對人之評價

在討論中，若一般人已立於「傳統道德」的影響，擁護「誠信原則」，並將「乙得請求甲讓與」視為「當然」。此時，若有某Ａ基於「追求利潤」的觀點，主張乙不得請求，並在勢單力薄的情況下，促使大家考慮一下其主張之妥當與否，可能發生兩個問題：①Ａ可否說我只是提出「追求利潤」的理論，我在實踐上還是信仰應採「誠實信用」說。②當Ａ主張「追求利潤說」時，他人遽對Ａ為「不誠實」、「無信用」、「唯利是圖」之評價時，Ａ如何是好？本文認為，為提高公開討論、批判的可能性，以及促進新理論之發現，第一個問題應採肯定之答案，而第二個問題則有賴於討論者的誠意，勿再有意識或無意識地去做類似人身攻擊式的對人評價，以建立一個開放的社會。

（附註：本文原載於台大法律系法律學會法律學刊第十二期。）

≪**註釋**≫

註 1：提高被批判的可能性，本是提高科學性的起碼方向。實證法縱然不如自然法「完美」，也因其具有較高之批判可能性，而具有較高認知的意義。

註 2：關於特定物雙重買賣原買受人得否行使民法第二四四條第二項之撤銷權，學說及實務上俱有爭執。本文鑑於最高法院大多數判決採肯定說，認為乙得行使撤銷權。關於民法第二四四條撤銷詐害行為之判決體系，參閱拙編「爭取融資與確保債權」第一三四五～一四二〇頁。

註 3：本例為王澤鑑先生「民法專題研究」課程中，六十九年五月三日之例題。

註 4、註 5：法律解釋與法律補充的界限是，前者尚在文義的可能範圍內，後者則否，參黃茂榮著「法律解釋學基本問題（Ⅱ）：法律補充」載台大法學論叢六卷二期第五項。（直接）適用法律與法律解釋同時發生，類推適用則為法律補充之一種。

註 6：史尚寬先生認為「給付不能為買賣契約」之結果，故應以肯定說為妥，又「代償請求權因可歸責於債務人之事由給付不能時，代償請求權之行使亦得較付請求損害賠償」於債權人有利，故不妨與損害賠償請求權併存」，見氏著「債法總論」六一年版第三七五、三七六頁。

註 7：同說參見王伯琦著「民法債編總論」六四年版第一六二頁。鄭玉波著「民法債編總論」六二年版第二八〇頁。此說認為在「可歸責於債務人」之情況下，債權人尚且不得請求債務人讓與其對第三人之

損害賠償請求權，何況本案除係「可歸責於債務人」外，尚有「因交易行爲之價金請求權」一點與第二二五條第二項之構成要件不同。

註8：參照碧海純一著「現代法解釋學における客觀性の問題」一文中所引宮沢俊義著「學說というもの」，載現代法講座第十五冊。

註9：其實，這種說法是以現代人的眼光來看的，原始時代的人往往將之視爲「當然」。

註10：參閱黃茂榮著「法律解釋學基本問題（Ⅰ）」。載台大法學論叢五卷二期第七十八頁。

註11：同註10，第六十九頁。

註12：同註10，第七十六頁。

註13：概念法學最應受批判者爲主張法律完整無缺，憑邏輯演繹可以解決一切問題，不承認法律解釋時存有價值判斷。於是，在實際爲價值判斷時，每假藉「法律就是如此規定」、「惡法亦法」之名，使第三人對其價值之恣意，無批判、檢證之可能性。關於概念法學與自由法論參閱海純一著「法哲學概論」昭和五十二年版，第二〇三～二〇九頁。

註14：關於法律漏洞之類型及其補充漏洞之方式，請參照黃茂榮著「法律解釋學基本問題（Ⅱ）：法律補充」，載台大法學論叢六卷二期，第七～六二頁。

註15：同註14，第二五頁。

註16：參閱碧海純一著，前揭書第一六一頁。

註17：關於方法二元論請參閱林文雄著「法實證主義」六十五年版第四六～五二頁，第一五四～五八頁。

註18：本文明白承認有此可能性，以提高被批判、反證的可能性，亦是一

種科學的態度。

15 權力分立、選舉與批判可能性

——以監委選舉為例

● 直接選舉？間接選舉？ *204*
● 批判可能性與權力分立 *205*
● **選舉**與權力分立 *206*
● 選舉與批判可能性 *207*

直接選舉？間接選舉？

　　69年增額監察委員選舉，於六十九年十二月二十七日在省市議會選出二十二名委員，將會同政府自海內遴選的十名委員，注入老化的監察院，共同行使監察權。由於監委選舉非如立委、國代選舉之採「直接選舉制」，而係採「間接選舉制」，一般公民並無選舉權，選舉權全部集中在省、市議員身上，於是，「物以稀為貴」，在選前、選後不斷地從報紙上傳出「賄選」的情事，並且，一票之價值已高達新台幣一千萬元以上！此數目較諸一般選舉之賄賂肥皂、毛巾，簡直是駭人聽聞。

　　因此，不禁令人懷疑「選舉」的價值，以及建議將「間接選舉」改為「直接選舉」的意見。政大郎裕憲教授認為，憲法第九十一條雖然規定監委由省市議會選舉，但依臨時條款第六條，只要總統依照臨時條款之授權訂頒辦法，即可不涉修憲或臨時條款而將監委選舉改為「直接選舉」，以應世界潮流。荊知仁教授則認為，直接選舉在理論上優於間接選舉；但對於「賄選問題」，即使改為「直接選舉」，因選風不好，亦無法避免賄選，只是賄賂的對象不同而已，反過來說，如果能對間接選舉的選風有效節制，則這個制度未必就一定不可維持（參見69．12．30．聯合報第三版）。本文認

為，直接選舉的選舉權人人數眾多、分散各地，欲以威脅、利誘方式左右選舉較為不易，從此「實際操作」的觀點來看，已應採直接選舉，以下，本文更從批判可能性、權力分立的觀點來談直接選舉。

批判可能性與權力分立

如果提高批判（反證、檢證）可能性是求真的有效途徑，也是科學活動的起點（註1），那麼，人們在政治制度上建造的「權力分立」制度，較「權力集中」制有著較高的批判可能性，因此，較富有「求真」的意義，較能符合科學的精神。

眾所週知，權力分立是將政府的權力分成行政、立法、司法……數種，使各權力分別隸屬於不同之機關，同一人不得身兼數權力機關，以達權力間相制衡進而保障民權之目的。從提高批判可能性的觀點來檢討權力分立制度，「制衡」的目的，無非在提高對權力的批判可能性，立法機關制定法律，自己不執行，減少了「私欲」縱橫，以及為執行而立法的情事；行政機關則須「依法行政」、司法機關須「依法審判」，此即行政、司法權受立法權之批判。再者，司法獨立的結果，行政處分應受法院之審查（我國為行政法院）、立法應受司法審查是否違憲，在在意味著行政、立法行為之批

判可能性。由此觀之，權力分立、制衡的想法，其背後實隱含著科學的人文精神在內，有助於求眞，絕非意在「互相牽制」，所以，縱使爲了追求萬能的政府，也不應輕言廢棄權力分立的思想，而過份倡導「諸權協力」思想。（註2）

選舉與權力分立

　　仿照權力分立的角度來看選舉，選舉本身也是一種類似的權力分立，即透過選舉將權力分散到每個選民的身上。在三權分立的政治制度下，行政、司法機關遵守依法行政及依法審判原則的結果，在理論上立法權顯然優於行政權與司法權。於是，如何防止立法權之專擅，乃成爲人們所關心的事，縮小立法權的權限，將彈劾等權另設監察機關，固然是一個途徑，但仍然無法解釋由誰來控制監察權的問題。所幸，在實行民主制度的國家裏，由於人民享有選舉權，定期來更換立法權的掌握者（行政權亦同），即等於由選民來控制立法權，並且，由於控制者是全體選民，特定的選民所掌握的只是一小部分的權力，即在無形中權力分散到每個選民身上，這樣一來，發生兩個作用：第一、特定的選民即使濫用其權利，亦無法發生惡害；第二、特定的人較無法以強暴、脅迫或其他非法方法控制這麼多的選民，成爲自己專權的資本。由此觀點來看，假如其他條件不變，選民愈多愈能符合權

力分立的精神，愈能防止極權（註3）。因此，本文贊同監察委員的選舉應採直接選舉制，由全體公民來選舉。這樣做，第一、可以避免由省市議員專權，避免一張票高達新台幣一千萬元的賄聞。即，省市議員專權不如全體公民專權，一票一千萬元不如一票百元，「獨富」議員不如「均富」公民。第二、這樣做也可以避免掌握省市議員即可掌握監察權，畢竟掌握全體選民較掌握省市議員難得多了。

按社會科學常由於無確實的**數字**可據，致引起人們對其客觀性、科學性的懷疑。如今，從監察委員的選舉提供了我們一項難得的**數字**：**監委選舉一票一千萬元大於立委選舉一票百、千元**，相差萬倍以上，其原因是監察委員價值高出立法委員萬倍？還是省市議員的投票權大於一般公民之投票權萬倍？很顯然的是後者。於是，在這一個「數字」的說服力下，證明直接選舉優於間接選舉應是可靠的。至於，直接選舉「勞民傷財」的說法（註4），當我們提出「監委與立委、國代一併選舉」時，即可指出其似是而非。何況，為了民主、為了求真、為了權力分立，本來就是要付出代價的。

以上的道理在國民大會亦然，無須再為贅言。

選舉與批判可能性

雷根與卡特競選美國總統，雷根以極為懸殊的票數獲勝

，依吾人常識判斷，選舉提供了一個由人民來批判卡特施政得失的可能性，是再容易明白不過的。如再依前述權力分立是以提高批判可能性的觀點來看，選舉制度既是一種權力分立的途徑，亦可明瞭選舉可以提高批判可能性。具體而言，選舉制度將權力分散到眾多選民身上，因其人數眾多，不易為權力者所箝制，提高了批判權力者的可能性，較有可能藉著批判、檢證或反證，使公共事務臻於完善，就此而言，直接選舉制較諸間接選舉制擁有較多的選民，更易於提高批判可能性。此外，選舉期間候選人發表政見，也為民眾發掘了一些當前社會的問題，促使民眾及政府去注意問題之所在，並設法去檢討、改造它們，也具有提高批判可能性的功能。

（後記，本文發表六年後，關於監委選舉的「尤清法」竟獲得通過，使得少數黨派更難當選監委，此種結果，顯是對本文所倡言權力分立、批判可能性「開倒車」的做法，本文深表孤寂與遺憾！）

≪註釋≫

註1：將科學建立在「反證可能性」上是Karl Popper的看法。在本文
　　稱批判可能性，是一種較消極的說法。

註2：諸權協力思想見幼獅文化事業公司印行「國父思想」頁152～153
　　。林紀東著「行政法新論」第15版，頁54。

註3：或謂「選民愈多，愈能防止極權，如此豈不是人口愈多的國家愈民
　　主？」對於這樣的疑問，本文強調「須其他條件不變」，人口多的
　　國家不一定比人口少的國家民主，是因為其他的民主條件大不相同
　　的結果。

註4：參70.1.1.聯合報第三版。

16 蓋章？簽名？

——反證可能性

1 蓋章？簽名？──反證可能性

蓋章？簽名？──反證可能性

　　過去，在學校辦註冊時，我常常忘記帶印章。有一次，人好擠，我排隊等著註冊程序單，好不容易輪到我了，「印章拿來！」辦事的小姐向我要。基於經驗，我立刻知道隊是白排了，這下非得捨棄前功，回去跑一趟不可。身在台大多年，這種經驗少說也有六、七次了，我多麼地怨恨自己老是未能「記取教訓」，一次又一次地忘掉，也很氣惱，為什麼不能用「簽名」來代替印章？中華民國民法第三條第二項不是明文規定「如有用印章代簽名者，其蓋章與簽名生同等效力」嗎？原來「簽名」是正，不知是誰將「蓋章」扶了正，並將「簽名」扼殺在冷宮裏？這種「經驗」相信大家都有！

　　以上，如果只是產生不方便而已，那也就罷了。偏偏使用印章無端惹起很多糾紛，犧牲了無數人的權利，才是最不應該讓它繼續存在的理由。首先，張三可以任意地在街角刻一個李四名義的印章（電腦刻印，幾可亂真），即可利用「偽造文書」的行為，而證明自己對李四享有債權，對於此種偽刻印章之行為，李四可以否認，此時應由張三負舉證責任，證明該顆印章為李四所有。於是，債務人即可利用此「原理」，在任何債權債務的訴訟上，一口否認債權憑證上的印章是自己所有，此時債權人要是找不到以前債務人曾用過這

顆印章的記錄，即難免受到敗訴的命運。此種現象，在「簽名」的場合即不易發生，因為比照筆迹時，拿到債務人的筆迹總是比「找到曾經用印的紀錄」容易多了。（債務人新刻的印章根本無用過紀錄）。以上是「盜刻」印章所引起的麻煩，現在來看看「盜蓋」印章的情形。張三因請李四辦事將印章交給李四，或張三之印章為李四竊去，李四利用該顆印章「偽造文書」，以證明自己對張三享有債權。在訴訟上，張三承認該顆印章是真的，只是被李四所「盜蓋」，此時，法院認為應由張三負舉證責任，張三要是無法證明「李四盜蓋印章」，他的虧是吃定了。

　　這種現象甚至造成：印章為他人所控制，就像人被控制一樣。斯時要講「自由意志」簡直是天方夜譚。某甲與某乙等合開一家「有限公司」，將身分證、印章交給某乙代辦一切手續，由甲任「董事長」，由乙任「總經理」，事實上一切行為皆由乙控制。有一天，甲接到銀行來的電話，始知該公司以甲為代表人之支票帳內已無存款，顯示該公司危在旦夕！此時，甲得否抗辯乙未經其授權擅用其印章？同時如何防止乙繼續使用該顆印章？前一個問題已如前述「盜刻」印章那樣令人頭大，後一個問題更是令人空有一牛車的「救濟途徑」，而實際效果微微！此時，甲僅憑「登報將印章作廢」無法解決問題，起訴請求返還印章嗎？則章小易隱，不易執行；告甲偽造文書，用甲之刑責來洗刷自己之責任嗎？則又不易舉證！真是叫天天不應，叫地地不靈，法律變成「理

論上……」、「但實際上……」的無奈模式，真教人愛之又不能有效助之。整個世界變成了一部「控制印章便控制意志」、「按制意志便控制歷史」的「唯印史觀」。

現在房地產價格暴漲，中下階級勞碌一生，欲求購得一屋，幾至不可得。有的人勤儉一生、省吃儉用，存了一點錢，並以「貸款」方式購買「預售房屋」，將一切印章、文件交與代書或律師，委託其代辦「產權移轉」及「貸款」等事項，卻不幸遭到代書或律師「背信地使用印章」或盜蓋印章偽開支票、或盜蓋印章溢貸貸款、或盜蓋印章偽作產權移轉……凡此皆嚴重侵害到購屋者的利益。購屋者雖欲「不認帳」，卻苦於無法舉證，以證明代書或律師背信、偽造文書。當他們從「懂法律的人士」那裏得知這種下場時，樂觀的人自認倒楣、勉勵自己再繼續省吃儉用吧！看不開的人則淚流滿面，痛罵「法律人士」是什麼東西，訂出這樣不合理的法律，來草菅別人的生死」，在旁聞之者，無不隨之落淚，同時又高嘆「法律本無不是」，但法律無不是，錯的錯在那裏？

還有更可笑的事呢？某甲購有乙公司之股票，在乙公司留為印鑑之印章因「債務糾紛」為丙取走，甲乃向乙公司申請更換印鑑，稍後丙以該顆甲之印章以甲丙名義聯名向乙公司書面聲明『此顆印章並未遺失，現在聲明人「等」保管中』，使法院認為由「等」字可證明甲真的與丙聯名向乙聲明並未遺失。聰明的您，請問有何法子幫助甲呢？

現代化、科學化皆是熱門的話題，我生愚昧，不能確知

其內涵。但總是在想，革除「浪費民族精力」的制度、設計一些較有「效率」的制度，使人們在這些制度下做事，不致浪費精力，應是現代化的起碼方向（76年4月洪明洲先生在工商時報主張廢除「戶籍謄本」制度，本人深有同感）。一個企業是如此，一個國家社會又何獨不然？成問題的只是，如何去檢證、認識一個制度是否較有「效率」功能，以及在「認識」了以後，如何有決心去實踐而已。至於「科學」，本文保守地贊同「具有愈高程度的檢證可能性、反證可能性即有愈高程度的科學性」，而科學化正是提高效率的方向，並與現代化的目的無殊。將本文討論的案例問題，引證在這個抽象看法上，以便一方面作為以上「現代化、科學化看法」的檢證，一方面作為「蓋章有碍現代化、科學化」的檢證。

簽名或蓋章皆為人們「意思表示」之方式，即人們經由簽名或蓋章之認識來認識「誰」在作意思表示，其中較能達到這個認識目的及較易為當事人、第三人檢證、反證此認識的方式，便是較科學化的產物。如前所述債務人詐辯「印章是債權人盜刻的」，足使債權人、法院（第三人）幾無反證、檢證之可能性；在「盜蓋印章」之場合，又使印章之所有人、法院（第三人）幾無反證、檢證之可能性；反之，簽名後，核對筆迹及筆迹之提出較易，當事人及第三人具有較高檢證、反證之可能性。從而，採用簽名制度較合科學、使用印章有碍科學性。其次，由於盜刻、盜蓋印章檢證之不易，

使當事人、律師、法院費時良多，尚無法辨別是非，形成「一人作孽、萬人忙」浪費國民時間、精力的現象，即有礙現代化。

17 競爭政策及執法的客觀性及其敵人

- 前言：「法律的客觀性」存有許多「敵人」 *00*
- 地緣政治管制是競爭法的大敵 *00*
- 政府行為常是「公平競爭」之敵 *00*
- 公平會勤於對國內中小微型企業處分、纏訟，不願和解不公平 *00*
- 公平會與國際大企業高通公司等行政和解，卻不與國內中小微型企業和解，並非公平、客觀 *00*
- 寬恕政策太「官僚」，應回到和解精神 *00*
- 公平會的「獎金」可能有負作用 *00*
- 結語：寬緩競爭法及多和解 *00*

一、前言：「法律的客觀性」存有許多「敵人」

我自1976年起即熱情於研究探討法律的科學性、客觀性之問題，於大四時翻譯碧海純一的論文成中文〈法解釋學上客觀性之問題〉一文（日文原載「岩波現代法講座」第15冊《現代法學之方法》，中譯文連載於1977年5月台大法律學會法訊第53、54期），碧海純一是日本東京大學法理學（法哲學）的名教授，是我國前大法官楊日然的指導老師，我深受楊日然老師的影響也熱情於碧海純一的學問，並買了碧海先生的《法哲學概論》。在那期間，我環繞著「法的科學性、客觀性」及「社會科學的客觀性」的問題，寫了一系列的文章，於二十五歲時出版《法律的客觀性》一書（註1）。這些活動可以說是一位法律學「年輕人」對「法律之客觀性、科學性」的憧憬與熱忱。而且，法律作為一種現代法治社會的規範，相對於道德、情理、自然法，法律本應該有絕對較高的客觀性與科學性。

然而，積五十年之體驗（2023年9月，台北律師公會頒給我「執業律師四十年」紀念)，深深體會：法律的客觀性只是「相對客觀」，客觀中仍包含甚多的「主觀」，甚至存有許多客觀的「敵人」，乃仿效Karl Popper的名著《開放的社會及其敵人》（Open Society and Its Enemies）的語法，補充論述「法律的客觀性之敵人」，先來就公平交易法說說。因為我於1992年和謝穎青律師、張嘉眞律師

合寫《公平交易法解讀》，暢銷十萬本，並於1992年至1995年擔任公平交易委員會首屆委員，和公平交易法有深厚感情。

二、地緣政治管制是競爭法的大敵

一向偏綠反中的自由時報，於2023年9月5日A2版刊出「**不公平競爭依舊**，雷蒙多：美企對中快失去耐心」的新聞報導，指出：「中國正讓情況變更困難，美國企業正逐漸失去耐心，**他們需要並值一個可預測且公平競爭的環境**，希望中國留意該訊息，使得我們能有穩定成長的商業關係……美國企業面臨中國一些新挑戰，包括沒有解釋的高額罰款、突擊搜查企業，以及反間諜法的變更……在半導體領域上，她指出美國每年出口數十億美元半導體至中國，這有利於美國與美國企業，**美國將持續該出口，但我們在防止最精密、強大的半導體輸出中國上是絕不妥協**，因為中國為了軍事用途需要它們……當他們關起門來，法規執行變得更專斷，經濟也就面臨著相當的挑戰性……」；美國商務部長雷蒙多在2023年8月下旬在訪問北京後，雷蒙多受CNN採訪時表示：「在與中國官員所有的對話中，我非常明確、直接與堅定；我直言不諱，沒有粉飾任何事」（註2）。

以上報導以「不公平競爭」為標題，吸引了我的注

意，然細看內容多不是「競爭法」（或公平交易法）的具體內容，而是寬泛的提及「（美國企業）**需要一個公平競爭的環境**」以及「競爭法」以外的「沒有解釋的高額罰款」、「突擊搜索企業」、「反間諜法的變更」、「法規執行變得更專斷」。倒是雷蒙多再次提及**美國政府的「半導體禁令」，是2022年、2023年以來重大的「貿易管制」，大力變更了競爭法所維護的「市場上的自由競爭、公平競爭」**，在「禁令」之下，半導體產業的「自由市場」嚴重受到干擾，讓我這一個算是熟悉於「競爭法」（公平交易法）的人，深感：在地緣政治、權力、貿易管制之下，競爭法所保護的「市場」、「自由貿易」、「自由競爭」、「公平競爭」俱成為侏儒，被壓得很是渺小。競爭法（公平交易法）取締「聯合行為」（卡特爾，Kartel），但國際政治現實上卻以政治卡特爾、半導體禁令卡特爾，諸國聯合行動祭起禁令，禁止半導體自由進入市場。2023年10月19日，工商時報頭版又報導「美國商務部頒佈最新晶片禁令後，輝達（NVIDIA）於上傳美國證交會8-K重大事項報告指出：確定A800，H800、L40、L40S、RTX4090等五款產品受到波及，將阻礙產品研發連帶影響其他國家客戶。AI概念股18日多殺多，致台股帶量重挫201點，權王台積電跌11元，AI概念股單日蒸發四千億元……美國更新版禁令對輝達、超微、英特爾三大晶片巨頭的影響，輝達約一成，受此影響的伺服器大廠有

緯創、廣達、英業達、技嘉及高階顯示卡大廠華碩、微星及技嘉等」（註3），於此情勢下，競爭政策、競爭法已成侏儒，我們何有情操堅持競爭法（公平交易法）所維護的自由競爭、公平競爭精神？讓我懷疑競爭法（公平交易法）的價值性與客觀性。

台積電創辦人張忠謀先生於2023年10月14日台積運動會時受訪就直言，「地緣政治趨勢下，台積電以後的**競爭環境**，絕對不會比過去幾年輕鬆，面臨的挑戰將更多，半導體產業的全球化已經沒有了，**自由貿易也沒有了**，但相信台積電可以克服」（註4）。另一方面，像台積電公司市值已達台幣十五兆、遠遠超過市值第二名僅一兆多的鴻海，在地緣政治下，獲得美國、日本、德國政府的巨款補貼分於美國、日本、德國設廠，則從「公平自由競爭」的角度，豈不「大者更大」，其他企業如何與之「公平競爭」？確實自由市場、公平競爭已被地緣政治嚴重扭曲。

在此環境下，我建議放寬競爭法（公平交易法）的立法尺度及執法力度，不宜嚴格立法及執法，也不宜「打老虎愈寬，打蒼蠅愈嚴」！我們的競爭法（公平交易法）學自美國，如今強大的「反競爭法作為」（半導體禁令）也源於2022年起的美國，我們豈能「食古不化」，緊抱著源於1890年代美國的競爭法，把競爭法太當一回事，而過於輕忽2022年起美國的新發展（甚至提前自2016年起美國的貿易管制及晶片禁令）。當然，雷蒙多所提及中國存在

「高額罰款」、「突擊搜索企業」、「法規執行變得更專斷」、「反間諜法的變更」，中國宜檢討，但比起「晶片禁令」的管制，其影響力小的多了。

如何放寬競爭法（公平交易法）的立法及執行力度？本文認為：（1）強化導正，減少處罰；（2）罰鍰減免；（3）儘量放過中小微型企業、個體戶；（4）多行行政和解（此點詳下文）；（5）觀察國際更大企業、更大國際市場力量，適度放寬對國內大中小企業的規範，提高國際競爭力；（6）市場的界定、競爭考慮國際因素，不使競爭法反而成為企業規模擴大、變強與升級阻力；（7）考慮「農轉非（農）、第三、四工業革命對傳統產業的影響及進化，放寬轉投資、併購、結合的管制，增進我國企業變大、變強，增加在國際上的競爭力以及進化；（8）並於進化、轉型、變強成功之同時，研究適度回饋員工、基層庶民的方案，縮小貧富差距。

三、政府行為常是「公平競爭」之敵

公平交易委員會以外，其他各部門政府的公權力行為，自己也不時成為破壞「公平競爭」、「公平」客觀性之敵。公平交易法第46條規定，「事業關於競爭之行為，優先適用本法的規定。但其他法律另有規定且不牴觸本法立法意旨者，不在此限」；此規定「學問很大」，其他政

府部門各有主管的法令，公平會受限於人力、物力、魄力及其他部會比公平會大又較強勢，公平會大多「禮讓」各部會，並未充分對各部會主張「優先適用本法（公平交易法）」，以及要求各部會主管的法令及措施「不牴觸本法（公平交易法）立法意旨」，以下以近期發生的著名案例述之：

1、以2023年進口蛋為例

台灣於2023年初爆發「缺蛋」危機（買不到蛋），於是農業部於2月間啟動專案進口蛋的行政措施。之後，於8月下旬媒體爆出「進口蛋商超思資本額僅五十萬元」，國民黨及民眾黨主席指摘「進口蛋一顆補貼三十二元」，國民黨民代指摘「資本額僅五十萬元的超思公司竟可做六億元生意，其中有一億元蛋補助，而負責人秦語喬只出資一千元、占股份百分之0.2，其餘百分之99.8的股份是誰擁有？」（註5）；自由時報則報出農業部長陳吉仲的解釋：「進口蛋平均一顆補貼3.8元（三十二元的部分是進口初期緊急空運成本較高，空運只占百分之3.6，其他海運，故平均一顆補貼3.8元），陳吉仲強調：「農業部沒有圖利業者、中央畜產會根據畜牧法協助進口雞蛋一切合法……」，自由時報同時還刊出，「不願具名的進口貿易商說明：國際農漁畜貿易都要先付錢，國外農場會先收三成到五成的訂金，雞蛋裝櫃後貨款就要結清，才能領到領

貨單……資本額跟貿易商的背景無關，可支付結清款項就好。有辦法拉到這麼多雞蛋並付款，這要各憑本事……畜產會委託的合法貿易商進口雞蛋，並由農業部吸收蛋價差與百分之33關稅……」（註6）。陳吉仲又說：「2023年2月24日對外公佈開放巴西等國的雞蛋進口，……實施雞蛋專案進口措施後，農業部和國貿局舉辦兩場說明會，當時有五、六十家貿易商有興趣，農業部開出條件如有媒合出口國非疫農場或相關經驗、可提供出口國官方開立檢疫衛生文件、到岸價報價合理、三月底前可訂首批訂單，所有條件**都符合的公司僅剩九家**」（註7）。國民黨立委王鴻薇、徐巧芯、游淑慧指控「農業部於2023年3月15日才開放巴西蛋進口，並稱超思三月二日復業，三月十三日、十四日準備好巴西蛋檢疫衛生文件，根本是黑箱」，對此超思員工受訪反駁說「該公司今年2月24日申請停業，三月二日申請復業，若有黑箱，為什麼要申請歇業？可迅速準備好相關文件，是因為超思本來就有雞蛋貿易經驗」（註8）。本文感覺疑惑的是：超思員工承認超思2月24日申請歇業，「若有黑箱，為什麼要申報歇業？」，這是有益於超思的合理解釋嗎？反而，2月24日才申請歇業，旋於3月2日申請復業，很奇怪？是否「好機會來了」才「趕快復業」？否則，違反行為的一貫性……「好機會」是什麼？

　　陳吉仲說「一切合法」，但合「情理」、「合公平自

由競爭」嗎？或是合「公平交易」嗎？且恐怕也不是「合一切法」？合理推斷：在資本額「五十萬元」之外，有公司或是人「墊了」大筆錢，又回收了這筆錢甚至「利潤」，涉及許多借墊款、商業會計法、稅法等「法律」議題，只有檢、調、法院甚至稅務機關調查後才能明白，陳吉仲所述「一切合法」可能陷縮了「法」的範圍，然而，檢、調是否調查，又涉及政治與法的客觀性之議題。農業部於9月6日公布超思公司與畜產會的合約，民代及媒體質疑「合約載明三月一日開始合約，但超思是三月二日才申請復業，尚未復業的公司能簽約？」、「合約上是超思開立報價單，中央畜產會即支付款項，但陳吉仲卻說由廠商墊付，難道農業部、畜產會、超思都不依照合約走？那當初為什麼要簽這個合約？」、「到底是先代收轉付還是墊付？」，為此，徐巧芯、游淑慧於9月7日赴台北地檢提出告發（註9），有待檢方調查，本文就此打住。

　　本文僅就涉及「情、理」、「公平交易」的問題略抒己見，相信人人也有一把尺，這社會上類似像我這樣「沒關係」、「沒有五億」、「沒能力」的人是絕對接不到這樣的生意的。也讓我們明白：政府行為、採購法、採購政策存有不少「專案」進口，那是不易有「客觀性」的，法律客觀性之敵處處存在。蘇東坡說：「人勝法，法為虛器；法勝人，人為備位；唯人法併行而不相勝，則天下安」（註10），本案似有很強烈的「人勝法」的疑惑。

前述公平交易法第46條規定「優先適用本法」（公平交易法），照「合一切法」之命題，公平交易委員會也應審視農業部依其主管的農業法令為行政措施、補貼特定業者，是否符合公平交易法所維護的「市場公平競爭」？審視其他法令是否抵觸「本法」（公平交易法）立法意旨。否則，「公平交易」的客觀性堪慮，其他政府行為反而可能成為公平交易法客觀性之敵。

2、「業務宣導費」之公平競爭？網軍？

2024年中央政府預算於2023年9月初出爐，各部會「媒體政策及業務宣導」經費，光是公務預算達十一億一千五百三十二萬元，其中第一名是農業部及所屬單位編列近一億七千萬元，客委會第三也編列一億元……相關經費在三年內增長一倍。農業部（會）前年度編宣導費一億四千多萬元，引發暗藏網軍「大內宣」的質疑，經立法院刪為一億一千八百五十六萬元……四年前，農委會編列一千四百五十萬元用於「加強農業訊息因應對策計畫」，被藍營冠上「一四五〇網軍」……（註11）

政治的讓政治去議論，本文僅關心「公平交易法」之客觀性的角度，相關經費招標、投標是否具有客觀性？誰可以「公平競標、得標」？而不是私下交辦予只是「意識形態相同」的人成為所謂的「網軍」？公平交易委員會恐也無人力、物力、魄力去注意、查證這些招標及其法令、

行為，有無公平交易法第46條所規定的「不牴觸本法立法意旨」，而形成對「公平交易客觀性」之侵蝕，成為客觀性之敵。

3、把「中天電視」趕出「52」台，對「公平競爭」之破壞

在蔡英文總統任內，發生了「中天電視台」被趕出了「52台」的事件。我對NCC主管的相關法令沒有研究，不予置論，但僅從「競爭法」（公平交易法）的角度略述我的感想：有關新聞頻道集中在50至58台，形成一種「競爭環境」，被移出「50至58台」，勢必產生競爭上的不利，而形成人為的「不公平競爭」及對「公平競爭客觀性」的破壞，成為客觀性之敵。公平交易委員會也受限於人力、物力及魄力，未去審視傳播法令及其行政行為是否有公平交易法第46條所規定「優先適用本法（注：公平交易法）」及「不牴觸本法立法意旨」。在這裏「貓膩」著太多的學問，也藏著很多客觀性之敵，期待後起有識之士，努力探索它們。

四、公平會勤於對國內中小微型企業處分、纏訟，不願和解不公平

（一）九年纏訟案例概要

　　民國98年1月19日，高屏地區有十六家中小企業被公平交易委員會認定「聯合行為」，各罰鍰新台幣五百萬至六百五十萬，合計七千五百萬元，這樣的「高額」在當時是和「中油、台塑石化」等級的，而這十六家的資本額才十萬至一千五百萬的小商號，處罰金額的客觀性在哪裡？這些中小企業中的十家委託呂律師幫忙訴願、行政訴訟以資救濟，他們說「活不下去了」。不料，此案直到民國106年，經過「九年抗戰」此案才結束。何以這麼久？公平交易法是否有客觀性？主管機關的「泛罰」、「不公平重罰」以至於「法院判決撤銷處分後又第二度處分罰鍰」是否客觀？是否反而成為「客觀性的敵人」？均殊值檢驗。茲略述其經過如下：

（1）高、屏地區十五家中小企業（含個人）於民國98年1月19日被公平交易委員會認定構成聯合行為，分別罰鍰五百萬、六百五十萬，合計七百五十萬元（公處字第098022號處分）

（2）呂律師代理其中的十家向行政院提出訴願（另五家亦委任其他律師），行政院於98年7月14日訴願駁回。被處分人乃於98年8月25日向台北高等法院提起

行政訴訟。

（3）訴訟中，呂律師代理客戶於98年12月18日向公平交易委員會申請「行政和解」，希望只罰二十萬以內和解，因爲公平會曾在微軟案、高通案和微軟公司、高通案行政和解，然公平交易委員會迅速於98年12月23日回文拒絕和解。值得研究行政和解的客觀性公平性在哪裡？「大小眼」、「只打蒼蠅、不打老虎」是否爲「客觀性之敵？公平會在五天內回拒似未經委員會決議，主委有這種權力嗎？

（4）台北高等行政法院於100年4月20日判決人民勝，判決撤銷原處分（98年度訴字第1735號判決、1883、1920、2028、2110、2291號判決）。

（5）公平交易委員會上訴最高行政法院判決「發回更審」，發回的客觀性在哪裡？人民只有百分之5-8的機率？行政機關的上訴似有高很多的機會？「官官相護」是否爲客觀性之敵？

（6）台北高等行政法院在更一審，又於民國102年11月21日二度判決人民勝訴，仍撤銷公平交易委員會罰鍰的行政處分（101年度訴更一字第2號判決、9、10、11、12、13號判決）

（7）公平交易委員會又上訴最高行政法院，但在103年5月16日被最高行政法院裁定駁回而確定（人民勝）（103年度裁字第668號裁定）

（8）在以上訴訟中，我早在98年12月18日即代理客戶聲請「行政和解」（罰二十萬就好），也是愛護公平交易委員會，兼顧客戶的生存權，我曾於1992-95擔任過公平交易委員會首屆委員，但公交會拒絕（但在對微軟案卻和微軟和解，大小眼），欲給公平會「面子」，公平會卻不領，最後致公平會遭到敗訴確定，面子也難看吧？（不聽老人言）。

（9）至此官司已經打了六年，已經很長久，終於可以結束了。沒想到公平交易委員會又就同一事件再加上四件大部分不相關的資料，第二次處分處罰業者分別十萬元至兩百七十一萬（公處字104023號）（違反前確定判決）。

（10）小老百姓無奈，沒辦法又向台北高等行政法院提出行政訴訟，該法院也是於104年11月10日判決人民勝（撤銷處分）（104年度訴字第615號判決），第三次又被台北高等行政法院打臉。

（11）公平交易委員會又上訴最高行政法院，該法院竟又判決「發回更審」（真累，最高行政法院「官官相護」，多想多給行政機關一次機會嗎？），但台北高等行政法院於更一審時，又於105年12月29日判決人民勝，仍是撤銷公平會罰鍰的行政處分（105年度訴更一字第33號判決），公平交易委員會第四度被台北高等行政法院打臉。也創紀錄了。

（12）公平交易委員會又上訴最高行政法院，但於106年4月27日被裁定駁回而確定人民「第二次勝訴」（106年度裁字第592裁定）。

（13）公平會退還了罰款給人民。

（14）唉，行政訴訟（民告官），據說人民只有百分之5-8的勝率。我們連勝了四加兩次（或是連二件），自己想想也真不容易、感到光榮與輝煌！也運氣不錯，碰到許多好法官，他（她）們是楊得君法官、王立杰法官、許麗華法官、程怡怡法官、王碧芳法官、陳秀媖法官、畢乃俊法官、黃秋鴻法官、林惠琦法官、李玉卿法官、林秀圓法官、高愈杰法官、黃淑玲法官、汪漢卿法官、鄭小康法官、林文舟法官、姜素娥法官。敬禮！他（她）雖經最高行政法院前後各一次的「糾葛」而「發回更審」，仍在更加詳查下獨立本於「良心」，一致做出對人民有利的判決，令人感動，好法官還不少！

（15）有這麼多好法官而且連續，才有機會最後撤銷公平交易委員會的不當泛濫處分，人民成功的概率是很低的，但是我們畢竟成功了，辛苦啊！人民、律師都很辛苦，期盼法律客觀、執法客觀穩當，寧可不及也不要過，盼執法的主管機關「行仁政」，不嗜「殺人」（或者處罰）（孟子曰：不嗜殺人者能一之）。

（16）也感謝當事人從高、屏遠方找到我，且始終信任。九年抗戰，比八年抗戰還長，只要關鍵戰役輸了一次就完蛋，活著眞不容易。

（二）公平會處分概要

公平會於97年12月31日第895號委員會認定（高屏地區）「詠健會」五十三家藥局成員及「廠商會」十六廠商成員於參加「例會」時討論「不拚價、不流貨，構成聯合行為，對十六家廠商分別處五百萬元至六百五十萬元罰鍰。公平會認定：（1）「廠商會」的存在，本案所涉六家廠商為其成員；（2）十六家廠商在高、屏地區從事電台廣告藥品，合意不拚價、不流貨、不轉介貨及以集體停止供貨或罰款方式制裁；（3）所涉「特定市場」：電台廣告藥品；（4）地理市場範圍：高、屏地區（以相關電台為範圍）；（5）特定市場之影響：認為符合公平交易法第7條第2項「足以影響生產、商品交易、服務供需之市場功能」；（6）罰鍰之裁量：核心成員罰六百五十萬元，其他罰五百萬元；但於第二次處分時改為罰十萬至兩百七十一萬元（以上參見公處字第104023號）」。

（三）主要爭點

（1）藥品與食品是否應該分開為不同「市場」？
（2）是否足以影響市場功能？

(3) 其中之十五家廠商的資本額從三萬元、五十萬元、一百萬元（四家）、一百五十萬、兩百萬、五百萬（兩家）至一千萬元不等，營業額亦不等，且均不大，俱罰鍰五百萬元、六百五十萬元之鉅款，是否違反比例原則及裁量怠惰？

（四）藥品與食品是否應該分開為不同之「市場」

台北高等行政法院（101年訴更一字第2號判決）及最高行政法院均認為：「……上訴人（公平交易委員會）於原審查悉建議售價表所載商品與調味醬料係主張本案所謂「廣告藥品」，與一般所稱具有醫療效果之「藥品」不同，非僅與原處分所載不符，亦與一般社會大眾對於「藥品」與「食品」乃屬功能、特性、用途完全不同種類物品之認知有異，其主張自不採」（註12）。

上述法院確定判決指出：公平交易委員會強辯「廣告藥品」與「藥品」不同，「廣告藥品」包括「食品」，被法院打臉，法院直接指出：（1）公平交易委員會的「強辯」與「一般社會大眾」的認知不同；（2）公平會的「強辯」與公平會的「原處分」所載不符（前後矛盾），因此公平會的主張「自不足採」，前後矛盾的「強辯」是客觀性之敵。

（五）是否足以影響市場功能？

本案歷時九年，「是否影響市場功能」一直是重要的爭點。這是一個「不確定的法律概念」，往往陷於主觀，但台北高等行政法院四次判決（含更審）均認為「不足以影響市場功能」！法院認為：（1）「……建議售價表內之藥品價格則係由各被上訴人自行決定，彼此之間並未就各項藥品售價為價格限制之合意，即足證明被上訴人間並無限制價格之情事，上訴人以被上訴人等合意內容涉及價格競爭之排除，具有高度可非難性，就質的標準而論，**已足**認影響市場功能，尚非可採」；（2）上訴人就市場占有率之計算……此非僅與上訴人與被上訴人於原審言詞辯論時當庭自陳不符，亦與處理原則第四點揭示……之原則有違；（3）又上訴人認定本案聯合行為時間長達四年餘（自93年9月25日建議售價表作成時起至98年1月19日作成原處分為止），上訴人卻僅以96年間未及兩個月之電台藥品廣播節目側錄結果……尚欠充分的證據……（4）上訴人既不能證明被上訴人等所為聯合行為之效果足以影響市場功能，與公平交易法第7條第2項所定「聯合行為，以事業在同一產銷階段的水平聯合，足以影響生產、商品交易或服務供需之市場功能為限」之要件「已有未合」（註13）。

（六）裁量怠惰之違誤

「……上訴人既裁處高額罰鍰，更應就其裁量權之行使詳予論明。被上訴人等在高屏地區廣告藥品市場各自所占地位如何？被上訴人等事業規模究依何數據資料認定？其市場地位是否因被上訴人等事業規模之不同而有所差異？渠等因聯合行為所獲致之利益有無差別？處罰鍰時審酌之情形，皆未據上訴人說明，容有裁量怠惰之違誤……」（註14）。法院也不客氣地直言「容有裁量怠惰之違誤」（註15）。

五、公平會與國際大企業高通公司等行政和解，卻不與國內中小微型企業和解，並非公平、客觀

1、罰兩百三十四億元，公平會頂得住嗎？

西元2017年10月間，我在媒體上看到公平交易委員會處分高通公司，罰鍰新台幣兩百三十四億元，創下公平會有史以來的最高罰款。看到這個新聞，我馬上在心裏起了個念頭：「哇！大條喔！玩真的？假的？有影？無影？公平會頂得住嗎？」有些替公平會擔心。關心公平會。

2、十個月之後，公平會與高通公司行政和解

有了上面「有影？無影？」的念頭之後，我去忙別的

事了，沒有再繼續追蹤此事。

　　不料，過了大約十個月，於2018年8月間竟然又在媒體上看到「公平會與高通公司達成行政和解」的新聞。高通免繳206.7億，公平會保有已收的27.3億的罰款。

　　和解筆錄記載和解條件包括：（一）、公處字第106094號**處分所調查之事項尚有爭議**，原告（高通）及被告（公平會）雙方同意**以本和解筆錄之內容代替原處分**，且原處分自本和解筆錄作成之翌日起，視為自始撤銷；（二）、原告同意遵守並執行之附件1「行為承諾」……（三）、原告同意就已繳納之罰鍰在新台幣27億3千萬元之範圍內放棄返還請求權。……（四）、（略）（五）、……被告不得再為任何調查及裁處……（六）、（略）（七）、原告亦承諾基於誠信原則進行與被告達成共識之五年期產業方案以支持台灣產業，產業方案內容係依原告與被告間之討論、協議與處理程序執行，包括有助於台灣行動生態系成長之投資與合作。

3、公平會曾在處分時曾「這樣說」而拒絕高通公司行政和解

　　有趣的是：公平交易委員會曾在公處字第106094號第68頁，針對高通於處分前申請行政和解，公平會於處分時表示拒絕，拒絕理由為：「……被處分人所為違法行為業已嚴重影響我國競爭秩序**且事證明確**，況案已調查終結，

並無調查之顯著困難，……另行政和解要約與行政程序法所定行政和解構成要件容有未合，均經本會委員會議審酌在案，故無中止調查與行政和解之適用，併予敘明」。

可見公平會前、後不一致！法律的客觀性在哪裏？或許「執意」乃客觀性之敵！當「執意」處分時，有「不和解」的理由！當「執意」和解時，有「達成和解」的理由。原來處分時說「且事證明確」，和解時和解筆錄卻記載「……所調查之事項尚有爭議」。此一時，彼一時也，月亮初一、十五不一樣。如何是客觀？

4、處分時有少數委員主張「和解」之不同意見

另值得注意的是：處分書附有「不同意見書」，其中郭淑貞委員即主張依行政程序法第136條行政和解的規定與高通行政和解，「協商有益我國競爭秩序與產業發展之具體改正措施」。洪財隆委員亦主張，「特別是考慮到台灣未來產業的發展等因素，本案仍應以和解談判作爲上策」。

5、其他相關「行政和解」的案例

在處分書的附件二中另也列舉了五件公平會「行政和解」的案例：（1）有關美商英代爾公司被檢舉專利授權涉違反公平法（民國85年7月10日）；（2）台北捷運公司檢舉法商馬特拉公司違反公平法（民國86年11月5日）；

（3）三陽工業公司被檢舉違反公平法（民國87年1月7日）；（4）美商美國無線電湯姆森授權公司被檢舉違反公平法（民國87年1月21日）；（5）有關台灣微軟公司涉違反公平法（民國91年10月31日）

6、公平會為什麼對中小微型企業不公平而拒絕和解？／應寬廣與中小微型企業行政和解

令本文感到「不公平」的是：公平會「不公平」，拒絕與本土中小企、微型企業和解。

在前述四、段之案例中，公平會被台北高等行政法院打臉四次判決（前後二件及各自更一，合計四次）撤銷原處分確定。則吾人得一結論：在行政法院判決確定前其實都是「**仍不能確定者**」（行政程序法第136條），應該都可以考慮「行政和解」（和解行政契約），沒有公平會所謂的「且事證明確」、不能行政和解的情形。公平會所謂「事證明確」也只是一種主觀。

然而，在前述四、所述之案例中，本文作者曾於行政訴訟中，在98年12月18日代理十家當事人向公平會申請行政和解，但迅速於98年12月23日就被公平會拒絕，對照上述五、所述公平會於2018年8月間與高通公司「行政和解」以及上述五、5所述五件「行政和解」，我們不禁要問：公平會只與國際大企業及國內大企業「行政和解」，未與本土中小微型企業「行政和解」，顯然「不公平」或

「大小眼」、「打蒼蠅、不打老虎」，公平會拒與四、所述十多家中小微型企業（小到資本額只有新台幣三萬元）的「惡果」，就是換來了二度敗訴確定的命運，不但失去面子裏子，也浪費許多可以另外「辦大案」的寶貴行政資源，更苦了中小微型企業達九年之久！天地不仁，以萬物為芻狗。

我們從年輕開始唸法律，就是在追求「法律之前，人人平等」，我們多數人是庶民、中小微型企業，至盼公平交易委員會本諸「公平」，多與中小微型企業「行政和解」，儘可能放過他們，而集中行政資源「辦大案」吧！「大小眼」是公平交易法客觀性之敵！

基上論述，本文主張：公平會應該原則上均准與中小企業甚至國內之大企業行政和解，公平會也可以藉此節省人力物力，將人力物力調往更有意義、更應該做的事，例如注意分析國際大企業之限制競爭及不公平競爭行為。也不要再像前述之案例，苦纏中小微型企業九年之久，最終又落的敗訴二輪，何苦呢？多浪費人力物力在「小事」上？而且，大幅放寬行政和解，這也不只是公平交易法而已，也可逐漸推廣到其他行政機關，全面修訂放寬行政程序法第136條行政和解的條件，加上「或行政訴訟時」，也可以和解。

六、寬恕政策太「官僚」，應回到和解精神

　　如本文前述二、所述，基於國際情勢，宜放緩執行公平交易法之力度，以及本文前述五、6主張大幅放寬對中小微型企業之「行政和解」。所謂「和解」是雙方各自讓步、節省各自之人力物力資源，追求「對雙方有利」、「減少雙方不利」，則以這些觀點來檢視公平會所行的「寬恕政策」（Leniency Program／POolicy）（註16）。令人感覺：（1）名稱及精神比較「官僚」：指出企業是「錯」的一方，公平會「寬恕」之，殊不知如高通案之行政和解筆錄載明「公處字第106094號處分所調查之事項**尚有爭議**」，公平會也同意，因此，本文比較認同儘量降低「官僚」氣息，改良為「寬緩及和解政策」。Leniency一字可以翻譯為寬大、寬容或仁慈的，不必用「恕」字。（2）限制太多了：「申請須在調查程序終結前」沒有太必要；規定中的「公平會所得事證已足認定涉案事業違反公平法第15條第1項」、「**已足以開始調查程序**」也限制太多了，**且「已足」可能不一定足**，於如四所述行政訴訟中可知「足」不一定「足」，公平會實不必給企業及其自己綁上太多手腳，以致於想放寬和解或「寬恕」時礙手礙腳；（3）太複雜：三十八頁之多，太複雜了，即使是律師，也不易快速全通。（4）減輕罰鍰的比例太小（第一位30%至50%……第四位百分之十以下）；（5）陳述「具

體違法檢附事證」太「具體」了，不留顏面，可能適得其反，有時反而不易扼止「可能之違法」，何況，從行政訴訟之經驗得知：法律事件是很複雜的，可能需經過九年抗戰才能得出結論，所謂「具體違法」有時談容易？不妨多加一些「寬容」、「和解」、各退一步的成分。

七、公平會的「獎金」可能有負作用

曾看到工商時報記者譚淑珍採訪公平會前吳姓主委將「特支費」作為公平同仁的「辦案獎金」，吳前主委說：財政部稅務稽核人員有查稅獎金，檢警人員有破案獎金，公平會也有，各科處同仁若能查出不錯的違反競爭法事例，都會核發激勵獎金，像第一樁窩裏反案例、之前水泥業者與公平會的行政訴訟告終後，最辛苦的業務、法務與訴願單位，就分別得到吳○○的獎勵金。雖然，都是獎勵金，公平會就是與其他單位的不同，因為公平會的獎勵金全部都來自吳○○的特支費，首長特支費用途，隨人而不同，吳○○把它用在鼓勵會裏的同仁（註17），有其「偉大」、「快樂」為之的一面，但也可能建立在中小微型企業的「痛苦」之上，如前述「九年抗戰」的案例就是，令人合理懷疑公平會長訟、二度不當處分，和「獎金」有關？按公平會是「準」司法機關，宜公平、中立，與稅務機關、檢調不同，不應在「法外」用特支費作為獎勵金，

誘引公平會的「公平」失焦。明・顧憲成云：「一法令，一弊生」，「獎金」之立，亦生其弊！亦有負作用！宜戒慎之！宜廢除！

八、結語：寬緩競爭法及多和解

只有兩千三百萬人口而「小國寡民」的台灣市場很小，企業規模不大，面對國際政治的壓力及國際巨大企業的「競爭」，宜寬緩對企業的「法令管制」，包括「公平交易法」（競爭法）的管制，以減免公平交易法反而成為「升級」的阻力而不是助力。所謂「寬緩政策」，包括「市場界定」考慮國際市場、多導正少處罰、將行政資源及注意力放在國際大廠的反競爭行為、儘量放過中小微型企業、也儘可能行政和解，節約公平交易委員會的行政資源。

為了節約行政資源、擴大行政和解，應修正、放寬行政程序法第136條的要件，使它不會成為「不願和解」的藉口！至少，「行政訴訟」時，都可和解，避免公平交易委員會「大小眼」。在當前「行政訴訟」審級「日多」，除了三審外又加上了「第四審」的「裁判憲法訴訟」，面對漫長訴訟程序，人民苦、行政機關也苦，九年抗戰案例可證，因此，本文主張：透過放寬行政和解，官、民皆得「解放」。

　　我國從德國、美國等大國學成「龐雜」的法制，實在是穿了一件「太大的西裝」，苦不堪言，為了因應當前國情，宜簡樸之。陸象山詩云「易簡工夫終久大，支離事業竟浮沈」。

　　本此，建議將行政程序法第136條修正為：

　　「行政機關對於行政處分所依據之事實或法律關係**或增進人民之效益**，經依職權調查仍不能確定**或發生行政訴訟者**，為有效達成行政目的或解決爭執，得與人民和解，締結行政契約，以代替行政處分。」

　　以上是涉及包括公平法在內的行政訴訟方面，應擴大推廣反多層次傳銷及違反銀行法的案例，因涉多層「人多」及「併案多」，訴訟拖久難終結，有拖延十一年仍被最高法院發回更審者（註18），恐非十五年不能終結！法官陷入工作過多的困境，我國終審法院法官於2016年每人每月新收案約十五至二十件，相較於德國的每月六件，多出三倍（註19），而且，隨著時間的推移，還會愈來愈多，為了解決實際「困境」，本文深信連刑事訴訟也宜走向「和解化」，而不只是「認罪協商」就夠了，法院本身就「複雜難定」的案件也可以成為「主角」，主動提出並和被告「協議」處理方式，以簡化之，才能使司法資源獲得「解放」。

附錄：

本文常引用之法律條文：

一、公平交易法第46條：

事業關於競爭之行為，**優先適用本法**之規定，但其他法律另有規定**且不牴觸本法立法意旨者**，不在此限

二、行政程序法第136條

行政機關對於行政處分所依據之事實或法律關係，經依職權調查仍不能確定者，為有效達成行政目的，並解決爭執，得與人民和解，締結行政契約，以代替行政處分。

（注：本文曾刊載於112年11月輔仁大學法律學院「教育暨資訊科技法學評論第11期P.33~47，特此致謝）

《註釋》

註1：初版名爲《法律的科學性客觀性》，由陳連順介紹由龍田
　　　出版社出版，之後再版簡化爲《法律的客觀性》，由蔚理
　　　出版公司於1980年再版。

註2：以上摘自自由時報2023年9月5日日A2版

註3：2023.10.19工商時報頭版及A3版

註4：112年10月15日聯合報

註5：以上見2023年9月5日聯合報頭版、A3版

註6：2023.9.5自由時報A5版

註7：2023年9月6日自由時報A11版

註8：2023年9月6日自由時報A11版

註9：以上見2023年9月8日聯合報A3版

註10：引自：蘇軾，〈應制舉上兩制書〉

註11：見2023年9月5日聯合報A3版

註12：文字引自：最高行政法院103年度裁字第668號裁定，裁
　　　定摘自台北高等行政法院101年度訴更一字第2號判決。

註13：最高行政法院103年度裁字第668號裁定

註14：最高行政法院103年度裁定第668號裁定

註15：台北高等行政法院101年度訴更一字第2號判決長達
　　　五十七頁，以上扼要引自最高行政法院103年度裁字第
　　　668號裁定對台北高等行政法院判決之重點摘錄。

註16：引自公平會官方網站「寬恕政策簡介」有三十八頁之
　　　多。

註17：2012年10月14日中時新聞網，譚淑珍報導。

註18：參見112年8月9日最高法院111年度台上字第2470號刑事判決。

註19：關於法官的工作困境，參見林文舟〈必須在不合理工作條件與環境下掙扎奮鬥〉，載《林文舟法官退休紀念論文集》，P.241以下，社團法人中華法務會計研究發展協會，2023年1月出版。

18 人勝法，法為
虛器（蘇軾）

「……人勝法，法爲虛器；法勝人，人爲備位；唯人法併行而不相勝，則天下安」（蘇軾，〈上制舉兩制書〉）。

世人皆知及欣賞蘇東坡之文學、詩詞人生起伏閱歷；唯獨余千年來發現蘇東坡此句於觀察法治與人治之關係之精闢。

1、翁○鍾、石○欽與司檢調諸公

余作律師凡四十餘年，一生努力追求公平、正義及爲人申冤，幸當代尚有不少良善法官、檢察官，以余之內向、不善搞關係、不善「走後門」，仍能獲得不少比例之勝訴確定、無罪或減輕判刑之機會，而於當前「法治社會」尚有一口飯吃。

然於2019年左右，看到翁○鍾、石○欽與一大票最高法院法官、高院院長、檢察長、法官、調查局主任、警官長達二十年（從民國86年起）的「密切來往」，以及導致百利銀行之主管諸慶恩不僅追償不到銀行的債權，諸慶恩反而被訴而「含冤而亡」，我眞的內心受打擊很大！百利銀行之所以追不到債權，係因債務人實際依例將「本票」交付百利銀行作爲債權擔保，在確認本票債權存在的民事訴訟言詞辯論前一天，債務人的財務主管去台南檢察署「自首」說他自己偽造了「本票」，接著有幾件「很巧」的事發生了：（1）偽造有價證券（本票）算是最低三年以上的「重罪」，縱使「自首」，但危害百利銀行及金融

秩序，竟然可以獲得緩刑？怪哉！（2）民事審判獨立於刑事，民事的法官也甚爲不當地就相信了刑事「自首」的「怪事」，於確認債權之訴，跟著「刑事」而爲不利債權人的判決；（3）司法不努力保障債權人，卻努力爲「債務人」走向追訴諸慶恩關於「保證金存單」之刑責，一審判諸慶恩無罪，二審卻改判有罪，而石XX曾任高院院長兼翁某之法律顧問，並以家人名義買入、賣出翁某之股票，大賺五千萬元以上。

我看了，倒吸了一口氣，背心發涼！一生百分之八十相信司法，此時跌倒只剩百分之二十。

眞是「人勝法，法爲虛器」！法律客觀性之大敵是「人」。回想過去，有若干標的較大的大案，如涉信義區土地祭祀公業蔡○○土地，往往到了高院就反勝爲敗的莫名其妙？此其然乎？

2、女檢陳○珍收賄兩千三百萬元，被判十二年

2023年5月間媒體報導：最貪女檢陳○珍入獄，收賄兩千三百萬元，判刑十二年入獄服刑。律師林智群表示：陳○珍在他律訓時曾來上課，講偵查實務，「收錢也是那個時候的事吧？把自己的人生搞得亂七八糟，何必呢？陳○珍被控包庇賭博電玩業者，如果她喜歡錢，檢察官退下來當律師，以檢察官的資歷，要賺兩千三百萬元，也就是幾年的事情而已」。曾承辦過尹清楓命案的陳○珍，被控

於1999年起至2006年間，收受賭博電玩業者施○華每月二十五萬元賄款，鑽分案制度「後案併前案」的漏洞，將施的案件都轉由她偵辦，包庇與施男有關之案件，使之獲不起訴，一審陳女認罪，台北地院判十二年徒刑，二審期間，陳女翻供不認罪，但法官不相信，最終最高法院駁回上訴定讞（參見2023年5月25日三立新聞網、自由時報）。

2014年11月間，陳○珍在做二審辯護期間，她的辯護律師杜英達表示：「她曾在醫院內塑膠袋套頭自殺，所幸及時救回，目前陳女聽到要討論案情，就會頻頻說出有人要害我，醫院已開出證明陳女恐在三個月內都無法恢復自辯能力」（2014.11.18Yahoo新聞網），是耶？非耶？但畢竟之後已經判刑確定。

收賄，乃法律客觀性之強敵！2013年底監察院彈劾陳女，指出板檢、台灣高檢對陳女長期和電玩業者密切往來、收賄都渾然不覺（同上Yahoo）。

3、調查局組徐○○盜賣證物庫中的毒品

調查局組長徐○○透過酒吧老闆張○群盜賣調查局證物庫中的K他命扣案證物，毒品後來流向夏姓幫派分子，其所涉貪污、販運毒品，2021年七月由桃檢起訴，2023年由桃園地方法院審理中。幫派份子夏○○另成立仟○公司販賣「生基位」，稱放入活人指甲、頭髮及八字而有「活

人棺」之稱的「生基位」，可達到改運功效，鎖定退休長者銷售，每八個「生基位」開價八百八十萬元，一位施姓退休婦人誤信「生基」能改運的話術，一次購入二十五組兩千多萬元（2023年7月27日自由時報新聞網）。

嚇！我活到這把年紀，才在2023年5月間被Taylor詢問「生基」的相關法律問題，才第一次聽到「生基」，才看的懂上述「生基」新聞！退休的年長者可要小心！想改運，適力捐點錢給孤兒院或單親媽媽，比較實在。

我也對調查局幹部盜賣作為證物的毒品感到吃驚。

4、告人卻能非法安排特定檢察官井〇博偵辦並起訴

最高法院110年度台上字第4002號刑事判決記載了「A想告B，於是花活動費一百五十萬、分案費十五萬元具體安排了高雄檢檢察官井〇博偵辦，井〇博真的把B提起公訴」。按案子告到檢察署，依「輪流分案」怎麼可能篤定由井〇博偵辦？他們這樣安排：井檢手中有一案的被告是C，井檢把C的名字洩露，告知活動的人，活動的人就安排A告C，案子當然就跑進井手中，之後翌日馬上A提出「更正狀」，將C更正為B（A想告的人），更正之後B成為被告，此案仍在檢察官井天博手中，並將B提起公訴。

好可怕吧？這事真的發生了。

B真倒楣！還真的是「檢察署、法院是他們家開

的」，法律何有客觀？高雄地檢署主管沒有人發現？還真奇怪！

井〇博後改名為井〇華，被判刑十一年半定讞，入監執行前還賣掉房地產潛逃出國，檢調廉沒人發現！堪稱「神通廣大」。井先生畢業於台灣大學法律系，和蔡英文同年畢業，不同組。

5、前瞻計劃、政府採購法及制度之客觀性及其敵人

政府為了促進政府採購、招標之透明度、公平性、客觀性，於民國87年訂立政府採購法，實施相關採購之制度與政策。

二十多年來看似公平、透明、客觀的政府採購制度與政策，也一直面臨「人的挑戰」。

近年來，頗具「政治味道」的「前瞻計劃」之投標、招標，竟也爆發出按得標金額之百分之一至三之比例「收賄」之案例。營建署道路工程組前組長張〇明、前科長詹〇欣，任內涉嫌透過立委鄭天財辦公室主任張〇龍充當白手套，收受前瞻基礎建設廠商陳〇來等人賄款7567萬元，台北地檢署於2023年8月下旬起訴四人。張〇龍已轉為「污點證人」，詹〇欣認罪並繳回賄款所得1652萬餘元、廠商陳〇來也認罪。檢方指出：提升道路品質補助計畫，是由地方政府提出計劃書，由營建署道路工程組審議，陳〇來自2017年起即協助地方政府撰寫計畫書，為求計畫案

通過審核，透過張○龍打點張○明，張○明也指示詹○欣教導廠商寫投標書，並按百分之一至三收賄，共收7452萬元。張○明把關的「推動提升道路品質計畫」等前瞻計裡總預算409億4千萬元，涉弊計畫案共八十四件，與陳○來有關占七十三件（詳見2023年8月29日自由時報網）

蘇軾說「人勝法，法為虛器」，看來還不足，補充之曰：「錢勝人，人勝法，法為虛器」。金錢、人性是法律的客觀性之敵人。

19 蔡英文去比過去的馬英九，如何客觀？

蔡英文在2023年9月上旬於出訪史瓦帝尼時，接受媒體採訪，「鏡」周刊363期刊出報導，茲出要幾個重點：（1）台灣的地緣戰略角色愈來愈突出，尤其在印太地區整體情勢變動的情況下，台灣在地緣戰略的角色日愈重要；（2）在國際供應鏈上，台灣占有非常關鍵地位；（3）台灣的民主成就，讓全世界體認到：共同維護民主，守住台灣民主，也等同守住全世界普世價值的民主；（4）蔡陣營還不忘和馬英九比較：馬政府時代，台灣比較像「兩岸裏的台灣」，在經濟上，台灣被包含在大中華市場裏，提出政治，就想到九二共識，經過七年多，台灣逐漸回到世界格局，成為「世界的台灣」；（5）台灣國力倍增，上市櫃的總市值在馬政府時代為23兆元，成長至今突破60兆元……（以上參見2023年9月13日鏡周刊P.8~13）

蔡、馬二人皆台灣大學法律系畢業，又皆留學美國，學習背景差不多，二者之比較如何才能客觀？

其中，（2）在國際供應鏈上，台灣占有非常關鍵地位，以及（5）台灣國力倍增，上市櫃的總市值「加倍」，恐係企業尤其是台積電的「貢獻」（尤其台積電的市值一家就十五兆），不宜算為蔡英文的一人貢獻。而且，八年後與八年前比，本應有合理進步，現任者應與現代的新加坡、韓國、大陸、日本比較，而不宜與「過去」八年由馬英九主政的台灣比，與「過去」比，當然會有

「進步」的，不夠客觀，如果沒進步，反而那就太糟了。故「現在」與「過去」比，本身就「不公平」，此乃客觀性之敵！倒是蔡政府善於穩定、做多股市，官股資金善於與外資對做，資金多，勝面多，股市一族喜歡，但2024年4、5月之際，可能要小心一些。此外，有不少年輕一代的薪資比八年前、甚至二十年前也沒有增加多少，不過，「基本工資」倒是增加了五千元之多。

其次，（1）、（3）、（4）均可簡約成為一項即「世界的台灣」和「兩岸的台灣」之作為比較！說穿了，蔡政府比較走「唯美」路線，和中國大陸可以說沒有什麼來往，甚至更低谷，可以說馬政府雖「中、美併行」，被局限說成「兩岸的台灣」，並非公允，且這和2016年以來，中、美紛爭加鉅的大格局有關，因為中美的地緣政治關係，「唯美」的蔡政府緊抱美國及G7，當然形成「世界的台灣」的印象，雖然「世界」比「兩岸」大，但二者之利弊得失，仍有待未來歷史檢驗，仍在未定之數！於2023年9月17日至18日大陸103架次騷擾台灣，創歷史新高（上次92架次），又增加了「不安」，希望台灣不要變成另一個烏克蘭。

20 國安法、政策、資源與天略之客觀性

國安會秘書長顧立雄先生於2023年8月25日接受鏡周刊專訪，成為第361期之封面人物。他於受訪時指出：「蔡英文總統任內，台海和平已具國際法高度」（封面標題），他說：「1、蔡英文使台海議題成為全球高度關切的事項，亦是民主國家的共同利益所在；2、使台美高度緊密互信與合作；3、五月在日本廣島的G7領袖會聯合公報強調台海和平穩定是國際社會安全與繁榮不可或缺的一部分，美日韓領袖峰會也再度重申，這已經是屬於一個類似國際法上的高度；4、台海和平穩定已成為全球關切事項，不能被武力片面改變，大家會探究誰是麻煩製造者？如果**台灣維持穩健、不挑釁**，反而是中國進行挑釁，那中國就會愈來愈被國際社會厭惡；5、台灣近年來國防預算屢創新高，是借鏡於烏克蘭，在不對稱戰力的軍事投資，還有努力空間……備戰方能避戰……」（以上參見鏡周刊第361期P.8~13）。

　　這樣的國安狀態、政策是否具有客觀性？他說：「類國際法高度」是否大有益於提升和平？還是只是「法律人」在闡述法律概念而自我肯定，在規範之外的實效性（實用）是否真的有用？如果有用，那他說「國防預算屢創新高」是否與「安全」互相矛盾？

　　老實講，我活到近七十歲，最近五年（2018~2023）是我這一生中對「和平」最感覺憂心的時期，也是一生中唯一動過「移民念頭」的時期，但天下之大移至哪裏？以

前的「天堂美國、日本」，現在也一大堆安全問題，加上
年紀已大了，也缺少了行動力。

　　回想2013年至2016年，我和顧立雄律師還曾一起「並
肩作戰」，共同擔任訴訟代理人為呂子○打選舉訴訟，之
後顧立雄承受重任擔任國安會秘書長，成為全國前五號大
人物，一方面要恭喜他得到高位，但也為他及自己擔憂，
一個一生在法院訴訟的顧大律師，是否足以勝任國安工作
呢？如今他任期隨總統之任期而將至，他首度受訪，在報
導中似乎也肯定自己的工作，「使台海和平到了類國際法
的高度」，但這仍是偏重於法律人的論述，至於真正國安
恐仍是見仁見智，不易客觀，有待日後事實驗證。至盼台
灣不會成為一個「類烏克蘭」、伊拉克、阿富汗！我也希
望我的不安是錯的。

　　很久以前聽過一個企管專家角田識之說過：「天略勝
於戰略、戰略勝於戰術」、「大局的錯誤不能用小局彌
補」，台灣的「天略」是什麼？親美？親中？中美都親？
回想1979年至1983年我在台大法學院唸碩士班時，在「植
根法學研究室」兼做研究員，有幾年和顧立雄及王美花還
算熟，三十年眨眼一過，他（她）們榮膺國家重任，祝他
們工作順利。

21 國論證不足乃客觀之敵／一審全無罪，二審改判犯特殊洗錢罪，客觀在哪裏？

葉姓男子等十四人在豪宅架設水房平台系統，協助賭博網站「洗錢」，自2019年8月架設時起，先以每月一千元至一千五百元的代價租用大陸金融帳戶及U盾，至2023年被查獲，經手金流人民幣九億多元（約台幣四十四億元），被檢方依洗錢、組織犯罪、賭博、頂替人犯罪起訴。○○地方法院「判全部無罪」，認為：

1、一般洗錢罪的要件必須跟特定犯罪連結，不能僅依「水房」經手鉅款認定；

2、至於特殊洗錢就要符合冒名申立帳戶等要件，檢方未提補強證據，無從認定葉男取得U盾是冒名或以假名申請開立，不能僅憑自白作為有罪的唯一證據

　　檢方上訴於二審，某高分院改判「特殊洗錢罪」，因為：1、水房使用金融帳戶都是向不詳的對象租用，符合洗錢防制法「以不正當方法，取得金融帳戶」，2、且在偵訊時都稱水房款項為賭博金流，後改口稱不知金流去向，3、再者，彼等經營水房與營運與一般金融機構或經登記之支付公司有別；4、涉案十二人之經濟狀況、收入與經手金流明顯不相當，難認水房所收付款項具合理來源（以上參見2023／9／13聯合報A14版）

　　一審認為「無罪」，二審改判「有罪」，截然相反，客觀性在哪裏？本文認為高院的理由較充分、客觀，包括被告知道洗「賭博」的金融（雖後來改稱「不知道」，但

初供是很重要的）及與一般金融機構及公司「有別」、收入之不相當。地方法院論證不足、忽視「知賭博金流之初供」及忽視「水房」與一般金融之「異」，皆是客觀性之敵！

22 易科罰金、緩刑與易服社會役的客觀性

新竹地方法院某法官認定：廖姓女子明知中國不是經農委會公告「高病原性家禽流行性感冒」的**非疫區**，禁止輸入動物入台，廖女卻於去年（2022）透過網購七公斤烤雞脖、海底撈火鍋套餐、台式魯肉飯等食品，該網購食品於2023年2月空運來台，卻向海關申報為SPOONS（杓子）、TICKETS FOLDER（票卷夾）等貨物，經海關儀器檢查發現有異，開箱查獲。乃依違反「動物傳染病防治條例」非法輸入之規定，判刑二月且不予緩刑，也不得易科罰金，要她入監反省。（2023年9月19日自由時報A1版）。

　　感覺這位法官「很有個性」，如果多一些法官像他一樣不讓「輕罪」的緩刑、易科罰金，恐怕監獄也容納不下過多的被告。當前社會有許多網購的平常事，這位廖女士大概也想不到她的網購會讓她跑去院，大概已經「印象深刻」、內心吶喊「下次不敢」了，何須法官堅持不得易科罰金入監反省？我懷疑這位法官的價值觀對「中國」很有意見，波及廖女。

　　我曾經辦過一件違反證券交易法被判刑幾個月的辯護案子，執行時代當事人申請服社會服務勞役，劉姓執行檢察官批准讓這人到公益團體對人演講「股票交易及避免違反證券交易法」的課程，以代入監執行。這位先生「心服」，以後也不敢再違反法令了。如此可以說「十分寬大」，也一樣達到「反省」的目的。

　　大家想想：如何是客觀？特殊的「價值觀」、「個性」恐是客觀性之敵？是耶？非耶？人民上法院，「運氣」的成份也是不少，看碰到什麼價值觀的法官、檢察官囉。

23 大陸「反分裂法」的客觀性及其敵人

上海公共關係協會會長沙海林於2023年9月上旬投書媒體，透過回顧抗戰歷史，對處理中美關係、對台關係提出思考，沙海林建議要對民進黨內不同派別採取不同策略，也要以動之以情、曉之以理的態度**與「不統不獨的中間力量」交往**，可以溝通、爭取。2016年沙海林曾以上海市委常委的身分來台出席雙城論壇，也曾任大陸駐愛爾蘭大使、駐美公使參贊。

　　早在二年前，大陸全國台灣研究會會長汪毅夫也曾發文主張：「反共藍」與「台獨綠」皆是敵對力量，**對藍綠同質化對待為「反共拒統」的敵對勢力**。

　　（台灣）中國時報社評認為，「這種解讀顯然是盲人摸象，完全沒抓到重點，但認為汪文文中還藏了暗線，試圖論證台灣黨外勢力以及後來的綠營內部，也存在著不認同台獨或不屬於「敵對勢力」的群體，並稱「國民黨不是鐵板一塊，民進黨也不是鐵板一塊」。由二文可總結：台灣不是「非統即獨」、「非藍即綠」、更不是「非我即敵」，只要不是頑固反中、台獨的人，都是大陸可以交往的對象（以上詳見2023年9月13日中國時報AA2版社評）。

　　以上沙海林、汪毅夫二人的意見、主張，何者客觀？也攸關大陸執行其「反分裂法」之客觀性、公正性。沙海林所提及「不統不獨的中間力量」，確實代表台灣人民很大的一部分，比較客觀、公正，然汪毅夫稱「反共藍」、

「台獨綠」，也表示另一方面存在「非反共藍」及「非台獨綠」的可能性，也有和沙海林共通之處。

從情理法上看，1949年之後「中華民國憲法」及政府仍長期存在，此事實必須公正、客觀面對，如果將於情理法上仍謹守中華民國憲法的人也視爲「敵對勢力」，那也就等同回到1949年的思想，那也只能說遺憾回到歷史了。《易》曰：「向前，必有功」，回到歷史而不去面對現在、未來創新，難於向前而有功。大陸另一學者李義虎也主張，「可由雙方予以認可承認一國二憲的客觀事實，其後，可通過兩岸談判協商，或通過兩岸修憲或一國三憲，形成兩岸共享的憲法性文件」（李義虎，《一國兩制台灣模式》，人民出版社，P.204），可謂客觀、實際。

24 過於濫用法律概念的區別，離事實、正義、客觀愈遠

受大陸法系、台灣法學教育的人或法官，常有「過於濫用法律概念的區別，卻離事實、正義、客觀愈遠」的毛病。

1、簡訊所傳客觀事實

某案的事實很簡單：徐○於101年9月6日用手機傳了一個簡訊給呂○，**簡訊為：「本人徐國良於民國101年9月底前以180萬元買回180張漢唐光電科技股份有限公司股票。徐國良」**。時間到了，徐○並未履行，呂○乃向台北地方法院民事庭起訴，請求徐某在呂某交付股票180張之同時，給付呂某新台幣180萬元及百分之五之利息。

對老百姓呂某（其實他也有博士學位），客觀正義的事實是：101年9月底前，徐某應以180萬元買回180張漢唐股票，一手交錢，一手交股票。這是徐某答應的。

但我們這些唸法律的，包括法官、律師卻離開客觀的事實，甚至離開正義，糾結於兩項法律概念的區別：（1）上述簡訊是「買回契約」？還是單純「買賣契約」？（2）上述簡訊是「本約」？還是「預約」？

這只是在法律概念中打轉，和客觀的事實及正義一點關係也沒有！甚至誤用、濫用概念，還反過來是違反正義的，還可能是客觀性之敵，給徐某製造了於101年9月底不必支付180萬元的「理由」。

2、台北地院判決在概念中打轉，背離正義

我們來看台北地方法院就是這樣判決「呂○的請求駁回」（徐某不必支付180萬元）。很不客觀、很不正義吧？

台北地院判決要旨摘錄：「……按出賣人於買賣契約保留買回之權利者，得返還其所受領之價金，而買回其標的物，民法第379條第1項定有明文。原告主張兩造約定之內容為原告以每股10元購買漢唐公司股票，嗣上市後每股漲至30元時再補足20元差額予被告，並無被告保留買回權之約定，是被告101年9月6日所為承諾以180萬元買回系爭股票之意思表示，應屬將已買受之標的物，賣與原所有人之再買賣契約，或再買賣之預約，非屬民法第379條以下所定行使買回權之範疇，合先敘明。次按，契約有預約與本約之分，兩者異其性質及效力，預約權利人僅得請求對方履行訂立本約之義務，不得逕依預定之本約內容請求履行，又買賣預約，非不得就標的物及價金之範圍先為擬定，作為將來訂立本約之張本，但不能因此即認買賣本約業已成立（最高法院61年台上字第964號判例意旨參照）。**原告呂燕堂於本院105年8月26日言詞辯論期日，明確表示係主張被告負有買回系爭股票之義務，而非主張兩造間已成立買賣契約**（見本院卷第86頁反面），是被告於101年9月6日承諾以180萬元買回系爭股票，與原告呂燕堂間應**成立買賣預約**，原告呂燕堂固得請求被告履行訂立

本約之義務，但不得逕依預定之買賣本約內容請求被告給付系爭價金。從而，原告呂燕堂依101年9月6日買回約定請求被告給付系爭價金，自屬無據，不應准許。」（台北地方法院105年度訴字第1328號判決）

3、高院判決簡單、客觀、正義

案經呂某上訴於台灣高等法院，高院判決撤銷地方法院的判決，改判「徐○應於呂○交付180張漢唐公司股票之同時支付新台幣180萬元」，符合簡訊承諾的客觀事實及正義。

台灣高等法院決要旨：「……按出賣人於買賣契約保留買回之權利者，得返還其所受領之價金，而買回其標的物，民法第379條第1項定有明文。呂燕堂主張兩造約定之內容為呂燕堂以每股10元購買漢唐公司股票，嗣上市後每股漲至30元時再補足20元差額予徐國良，並無徐國良保留買回權之約定，是徐國良101年9月6日所為承諾以180萬元買回系爭股票之意思表示，**應屬**將已買受之標的物，賣與原所有人之**再買賣契約**，非屬民法第379條以下所定行使買回權之範疇，自屬可信。次按當事人訂立之契約，**究為本約或係預約**，應就當事人之意思定之。當事人之意思不明或有爭執時，則應通觀契約全體內容定之，若契約要素業已明確合致，其他有關事項亦規定慕詳，**已無另行訂定契約之必要時，即應認為本約**。查徐國良於101年9月6日

傳送簡訊予呂燕堂以：「本人徐國良於民國101年9月底前以180萬元買回180張漢唐光電科技股份有限公司股票。徐國良」等語（見原審卷第10頁），足見徐國良於101年9月6日承諾以180萬元買回系爭股票，該買賣標的物、價金及履行期之契約要素已明確合致，無另行訂定契約之必要。從而，呂燕堂依101年9月6日徐國良承諾買回系爭股票約定（下稱系爭買賣契約）請求徐國良給付系爭價金，自屬有據，應予准許。」（台灣高等法院105年度上字第1436號判決）

徐○對台灣高等法院之判決上訴第三審，但因未交上訴費用，而被裁定駁回而確定。

4、回到樸質、簡單、客觀的正義

之後經多年，呂○也未找到徐○有財產可供執行，呂○只拿到「客觀、正義的」的判決書及確定證明而已。而且，這也是曾經遭遇地方法院的挫折，經過堅持、上訴、支付費用，才爭取到的正義判決。該地方法院遠離客觀、正義的判決也曾給債務人創造了不必支付的機會，遠離了正義。

本文認為法律人、法官適用法律、解釋法律概念及其區別，應該樸質、簡單化，回復到生活事實的客觀、正義性。就是這麼客觀、正義、簡單的判決「徐○應於101年9月底支付180萬元」。

25 選罷法中「有期徒刑尚未執行，不得參選」之客觀性及其敵人

本人參與過某件關於選罷法中「有期徒刑尚未執行，不得參選」的選舉訴訟，深有感觸，深感法律的客觀性存有許多敵人。台灣法學雖有五十年以上的「法學方法論」，從文義解釋、體系解釋、目的解釋等等規則，但在法官手裏可能不守這些規則。

一、公職人員選舉罷免法第26條第4款規定：「有下列情事之一者，不登記爲候選人：

　　……

　　　　四、犯前3款以外之罪，判有期徒刑以上之刑確定，**尚未執行**或執行未畢。但受緩刑宣告者，不在此限」。**依「尚未執行」之文義解釋，蔡○賢因逃亡「尚未執行」有期徒刑，符合消極資格，不得參選爲客觀事實及法律規定。**

二、按法律解釋，以文義解釋爲準，不得超出「文義可能」之範圍。又按「判處有期徒刑以上之刑確定，**尚未執行**或執行未畢。但受緩刑宣告者，不在此限」（公職人員選罷法第26條第4款），爲不得參選之「消極資格」，本件從文義而言，蔡○賢屬於「尚未執行」之文義，蓋蔡○賢以積極逃至中國之行爲逃避執行，直至行刑權時效消滅，從未執行一日，客觀上屬於「尚未執行」！且尚未執行也是一個「客觀事實」，即**客觀上蔡○賢尚未執行**，雖行刑權因時效而不得再執行，仍然屬於客觀上「尚未執行」之情形，

而符合第26條第4款之消極資格而不得參選。從不得超出「文義可能」之範圍而言，無從解釋蔡錦賢非「尚未執行」。

三、由第26條第4款「但書」足證時效消滅不得排除消極資格

又，第26條第4款但書「但受緩刑宣告者，不在此限」，從文義可能而言，僅受「緩刑」而「尚未執行」者，仍得參選而已，而得自消極資格中排除，此外，並無排除可能，足證：緩刑以外之「行刑權時效消滅」之而「尚未執行」，無從自「消極資格」中排除。

四、查蔡○賢前於87年間擔任台北縣第2選區立法委員候選人羅○助淡水後援會之負責人，因違反當時選罷法第90條之1第2項之預備行賄罪，經臺灣基隆地方法院以88年度訴字第10號判處有期徒刑7個月，褫奪公權2年確定，並經臺灣高等法院以88年度上易字第4090號判決駁回上訴確定。惟遭判刑確定後，蔡○賢卻潛逃至中國而逃避執行，核該當公職人員選罷法第26條第4款「尚未執行」，不得登記為候選人。

五、詎料，蔡○賢逃匿多年，待行刑權時效屆至後，竟有恃無恐返台參選103年度新北市議會議員之選舉！甚且於103年12月5日為中央選舉委員會（下稱中選會）公告當選為新北市第2屆議員。蔡○賢因違反公職人

員選舉罷免法（下稱選罷法）第26條第4款「尚未執行」不得登記為候選人之規定而參選進而當選，使得該次選舉產生不公正之結果。

六、本件利害關係人提起當選無效之訴後，經臺灣士林地方法院103年選字第3號判決認被告蔡○賢受有期徒刑以上之刑之宣告，惟迄未執行，其行刑權雖已罹於時效而消滅，仍該當於選罷法第26條第4款「判處有期徒刑以上之刑確定，尚未執行或執行未畢」之消極資格，而判決被告蔡○賢於民國103年12月5日經中央選舉委員會公告當選為新北市第二屆議員之當選無效（附件一）。

七、不料，蔡○賢嗣後向臺灣高等法院提起本件上訴，臺灣高等法院竟曲解法律，認『選罷法第26條第4款所謂「尚未執行」，係指應執行有期徒刑之刑罰，尚未執行，有待檢察官為入監執行通知之情形而言。至於行刑權罹於時效而消滅者，已係不得再執行刑罰，既不得再執行，應無「尚未執行」之問題，上訴人蔡○賢並不符合選罷法第26條第4款「尚未執行或執行未畢」之規定要件，自得登記為候選人』（附件二）。台灣高等法院曲解法律，**加入法律文字所未規定之「有待檢察官為入監執行通知之情形而言。至於行刑權罹於時效而消滅者，已係不得再執行刑罰，既不再執行，應無「尚未執行」之問題」等文字，大膽變更**

了法律文字，大膽變更了蔡○賢「尚未執行」之客觀事實。台灣高等法院曲解法令，加入法律未規定之文字，為尚未執行之蔡○賢護航至為明顯。監察院於107年8月間對內政部發出「糾正文」中即認定「行刑權消滅時效後，原確定判決所宣告之罪刑仍然存在，賄選預備罪因逃匿致行刑權罹於時效，所生不利效果自應歸責於己，倘若任類情形得登記為候選人，不僅不符民法感情，亦與公平正義原則有違」（附件三），足證：台灣高等法院自行添加法律條文所沒有的文字而曲解法令是錯的，其「自行添加法律條文沒有的文字」「不僅不符國民法感情，亦與公平正義原則有違」。

八、附錄一：
　　台北士林地方法院103年度選字第3號判決要旨
1. 文義解釋：
⑴ 就選罷法第26條第4款規定以觀，其但書即例外排除該條本文適用之部分，僅明列「受緩刑宣告」此一情形，而未就因行刑權罹於時效不得執行之部分予以明定。而行刑權時效，係指有罪之科刑判決確定後，由於法定期間之經過，而未執行其刑罰者，對於此等犯人之刑罰執行權即歸於消滅之制度；行刑權時效完成，並無消滅刑罰宣告之效力，僅對之不得再執行刑

罰而已，原確定判決所宣告之罪刑，依然存在，自不得依刑法第74條第1項第1款宣告緩刑；又行刑權時效消滅，與執行完畢或赦免不同，亦無依同條項第2款宣告緩刑之餘地（最高法院102年度台非字第311號刑事判決意旨可資參照）。復參酌86年1月22日修正前之道路交通管理處罰條例第37條第1項第2款規定：「曾犯故意殺人、搶劫、搶奪、強盜、妨害風化、恐嚇取財或擄人勒贖之罪，經判決罪刑確定，而有左列情形之一者，不准辦理營業小客車駕駛人執業登記：…⑵受有期徒刑以上刑之宣告尚未執行，行刑權時效消滅後未滿2年者。」，尚明示行刑權罹於時效之情形，顯見立法者如欲就行刑權罹於時效，致不得再為執行之情狀賦予不同法律效果，自於條文規範中予以明示，而非另對法律規定溢於文義再為解釋。是依上情均徵立法者就選罷法第26條第4款本文，係有意單獨排除受緩刑宣告之情形，至因行刑權罹於時效而不得執行者，則非在其例外排除之範疇。

⑵ 又行刑權係指檢察機關在此期間有執行之權力，然逾此期間，僅檢察官之權力喪失，致其刑罰未執行，亦無從執行。是行刑權時效完成，亦稱刑罰執行權消滅，僅生消滅執行權之效果，不得對之再執行刑罰，縱使檢察機關欲對行為人執行，亦不能執行；而選罷法第26條第4款之「尚未執行或執行未畢」係檢察機

關欲對行為人執行，亦能執行或正在執行之情況。然檢察機關之「能」、「不能」執行，均不影響被告之刑罰「尚未執行」之客觀事實狀態，是「單純尚未執行」與「已罹時效尚未執行」均為法條規定之「尚未執行」；又「尚未執行或執行未畢」之反面文義解釋係「已執行完畢」，揆諸前揭法條規定及最高法院判決意旨，足認被告之刑罰，雖因行刑權消滅而不能執行，但並非已執行完畢。

(3) 是依選罷法第26條第4款所規定，「尚未執行或執行未畢」之文義並無任何不明之處。故適用此法律規定時，自不得就候選人參選資格之消極限制恣意為限縮解釋，而排除行刑權罹於時效致不能執行之情形。易言之，即依本款規定，除受緩刑宣告之情形外，須待犯罪行為人之徒刑執行完畢，方得登記為候選人，應屬無疑。是被告既判處有期徒刑以上之刑確定，而未受緩刑宣告，復未入監服刑，自不符合選罷法第26條第4款規定之文義，是被告應不得登記為於103年11月29日舉行之新北市議會第2屆議員選舉第1選舉區之議員候選人。

2、目的解釋及體系解釋：

(1) 原告主張被告之刑罰最後未能執行，係因可歸責於其自身之事由所致，從規範目的而言，選舉法之立法趨勢日趨嚴格，自不容「從寬解釋」，而認定被告逃避

行刑仍得透過解釋突破法條之文義而參選等語。而被告則辯以選罷法第26條第4款之規範目的，係限制因受刑之宣告，致候選人身體自由事實上將遭受拘束而不得自由參選、或當選後入監服刑時，仍應依地方制度法解除其職務者，若無上述情形時，自不適用該規定等語。

(2) 然查，選罷法第26條第4款之立法理由，並未明示規範之目的，確如被告所稱僅在於杜絕候選人因判處有期徒刑以上之刑確定者，致其身體自由事實上將遭受拘束而不得自由參選、或當選後入監服刑時，仍應依地方制度法解除其職務者之弊端。況地方制度法係於88年1月25日方制訂公布，而選罷法早於69年5月14日制訂時，即於第34條第3款定有：「有左列情事之一者，不得申請登記為候選人：…犯前兩款以外之罪，判處有期徒刑以上之刑確定，尚未執行或執行未畢。但受緩刑宣告者，不在此限。」亦徵立法者制定聲請登記為候選人消極要件之初，並非單純以聲請登記候選人之人事實上得否參選，或當選就職後，尚可能需依地方制度法解除其職務者之情形而為考量。更遑論依選罷法第26條第4款但書之規定，已將受緩刑宣告者明文加以排除。蓋若候選人判處有期徒刑以上之刑確定，受緩刑宣告而經撤銷緩刑者，則其刑之宣告仍不失其效力，是候選人係受緩刑宣告而參選者，若於參選中

或當選就職後，因緩刑宣告被撤銷時，即需入監服刑。亦徵判處有期徒刑以上之刑確定之候選人，事實上得否參選或就職，應非選罷法第26條第4款之單一規範目的。

(3) 又選罷免法第26條之規定，係明定候選人之消極資格要件。易言之，該消極資格者乃候選人不得具備之條件。無非是因為將任公職之人若曾犯內亂、外患罪、貪污罪及刑法第142、144條之罪，其惡性之重大，極有可能顛覆國家之政體或破壞公職人員選舉制度之公平性，另為遏止賄選、端正選風，故限制有上開情形者終身不得參選公職人員外；而曾犯內亂、外患罪、貪污罪及刑法第142、144條以外之罪，因其所侵害法益較輕，且既願意受其刑罰之執行，日後仍可登記為候選人，以兼顧其國民參政權。故依上揭條文各款之體系解釋，及衡諸該條文各款間之關係，倘係犯選罷法第26條前3款之罪之人，為免影響國家公共利益甚鉅，故而剝奪其終生參政權。然選罷法第26條第4款本款規定，較前3款規定另設「尚未執行或執行未畢」之要件，依體系解釋觀之，自非被告所辯，其規範目的僅係避免當事人於受拘禁致事實上不能執行公務員之職務，而係因其罪刑尚非不能宥恕，日後待其刑之執行完畢後，即能享有參政權。又國家訂立選罷法以規範參選公職人員之消極資格，藉由選舉符合資格之優

秀人才，來履行其職務，而地方民意代表依地方制度法第35至37條之規定，其職權如下：

① 議決有關人民權利義務之直轄市法規，縣市規章，及鄉、鎮、縣轄市之自治規約。

② 議決直轄市、縣市／鄉鎮、縣轄市之預算，並審議其決算之審核報告。

③ 議決直轄市、縣市，鄉、鎮、縣轄市財產之處分。

④ 議決直轄市、縣市，鄉、鎮、縣轄市所屬事業機構之組織自治條例。

⑤ 議決直轄市政府及議員提案事項、議決鄉、鎮、縣轄市公所及鄉、鎮、縣轄市民代表提案事項。

⑥ 參加縣市議會／鄉鎮縣轄市民大會等各種會議，並聽取縣市，鄉鎮縣轄市長施政報告，並提出質詢。

⑦ 接受人民請願案，並行使其他法律所賦予的職權。

可知地方民意代表所行使之職權影響人民甚鉅，其欲追求之公共利益具有更深之價值，自不應將積極逃避刑罰之執行至行刑權時效消滅時之犯罪行為人登記為候選人，而與選罷法第26條第4款規定之立意相左。

3、比例原則：

⑴ 至被告抗辯其參政之權利形同遭終身剝奪，違反比例原則云云。惟依選罷法第26條第1至3款之規定，均係一旦受上開各款有罪判決經判刑確定者，即不得再登記為候選人，而別無類似其餘各款，就各該情狀得否

　　去除後再爲參選一事另爲明文規定，殆同於終身不得
　　登記參選。顯見依現行選罷法之規定，登記參選資格
　　並非不得終身剝奪之法益。

⑵ 復參以貪污治罪條例第12條之規定，犯該條例第4條至
　　第6條之罪，情節輕微，而其所得或所圖得財物或不正
　　利益在新臺幣5萬元以下者，減輕其刑。犯前條第1項
　　至第4項之罪，情節輕微，而其行求、期約或交付之財
　　物或不正利益在新臺幣（下同）5萬元以下者，亦同。
　　此爲貪污治罪條例減輕其刑之規定。然其所得或所圖
　　得財物或不正利益在5萬元以下，仍該當貪污治罪條例
　　之罪；亦符合選罷法第26條第2款規定，曾犯貪污罪，
　　經判刑確定，終身不得登記爲候選人。是違反貪污治
　　罪條例第4條至第6條之罪，縱依同條例第12條之規
　　定，其所得或所圖得財物或不正利益在5萬元以下，依
　　現行選罷法之規定，仍將終身不得成爲公職人員參選
　　人，而被告雖非犯貪污治罪條例之罪，然其於判刑確
　　定之後故意逃避刑罰之執行，致行刑權消滅而無法執
　　行其刑罰，其惡性更爲重大。是被告終身不得參選之
　　不利益，實係可歸責於其自身逃避刑罰執行之原因所
　　招致，且此不利益，顯然小於選罷法第26條規範意旨
　　所欲維護之公共利益，實無違反比例原則之可言。

4、行政機關所爲釋示，不得拘束法官獨立審判：

⑴ 按法官依據法律獨立審判，憲法第80條載有明文。各

機關依其職掌就有關法規為釋示之行政命令，法官於審判案件時，固可予以引用，但仍得依據法律，表示適當之不同見解，並不受其拘束，本院釋字第137號解釋即係本此意旨；司法行政機關所發司法行政上之命令，如涉及審判上之法律見解，僅供法官參考，法官於審判案件時，亦不受其拘束（司法院大法官會議解釋釋字第216號可供參照）。是行政機關依其職掌就有關法規所為釋示，法院於審判案件時，不受其拘束，仍應依其獨立確信之判斷，認定事實，適用法律（最高法院91年度台上字第2260號判決要旨參照），合先敘明。

(2) 查，兩造就法務部99年7月1日法檢字第0000000000號函（本院卷第21頁）、中選會函（本院卷第62頁）、中選會第404次會議紀錄（本院卷第109-116頁）、法務部新聞稿（本院卷第72頁）、中選會新聞稿（本院卷第117頁）等文件，形式上為真一事，並不爭執。詳上揭兩造所不爭執之事項（六）、（七）、（九）、（十）、事項所載（本院卷第138頁），堪信為真。

(3) 觀法務部99年7月1日法檢字第0000000000號函敘明：「…是行刑權罹於時效而消滅者，僅是不得再執行刑罰，並非表示刑罰已執行完畢或是免於執行。又因已不得再執行刑罰，故與單純刑罰「尚未執行」或「執行未畢」之情形，亦有不同。…」等語，並認「行刑

權罹於時效而未執行刑罰」是否該當「尚未執行或執行完畢」之要件，應由中選會本於權責為解釋（本院卷第21頁）。復對照法務部於103年12月30日所發佈之新聞稿，指明其從未表示被告符合選罷法參選資格（本院卷第72頁）。足徵法務部固認行刑權罹於時效而未執行刑罰並非單純「尚未執行」或「執行未畢」，然並未據此而認該等情形與選罷法26條第4款規定不符，甚或指明該等情形應由中選會解釋是否該當於「尚未執行」或「執行未畢」，自不得據此為有利被告之認定。

(4) 又中選會99年7月13日第404次會議討論第五案決議固表明：「公職人員選舉罷免法第26條第4款就因行刑權罹於時效而消滅者之參選資格規定並不明確，考量限制終身不得參選者，以有同法第26條第1款至第3款規定之情事者為限，故本案不因不得再執行刑罰而認不得登記為候選人。」等語（本院卷第116頁）；復以中選會函敘明：「曾犯公職人員選舉罷免法第26條第4款之罪，經判刑確定，因行刑權罹於時效，而未執行刑罰，尚不該當同條款「尚未執行或執行未畢」之要件，如別無其他消極資格條件限制，仍得申請登記為候選人。」等語（本院卷第62頁）。然依上揭說明，本院就本件情形仍得依職權認定事實、適用法律，而不受上揭中選會之決議及書函內容之拘束。

（二）據上所述，原告主張被告符合選罷法第26條第3、4、8款之規定，訴請本院就上開各款擇一為原告勝訴之判決，宣告被告之當選無效。本院審酌兩造之前揭主張及抗辯，認被告符合選罷法第26條第4款之規定，足為原告勝訴之判決，至原告所主張選罷法第26條第3、8款部分有無理由，已無再為審認之必要，併此敘明。

五、綜上所述，被告受有期徒刑以上之刑之宣告，惟迄未執行，其行刑權雖已罹於時效而消滅，仍該當於選罷法第26條第4款之消極資格。原告本於選罷法第29條第1項第2款、第121條第1項規定，提起本件當選無效之訴，請求宣告被告就新北市第2屆議員選舉之當選無效，為有理由，應予准許。

九、附錄二：
台灣高等法院104年度選上字第24號判決要旨
上訴人是否有選罷法第26條第4款之情事？

㈠按「有下列情事之一者，不得登記為候選人：……四、犯前3款以外之罪，判處有期徒刑以上之刑確定，尚未執行或執行未畢。但受緩刑宣告者，不在此限。」選罷法第26條第4款定有明文。經查，上訴人於87年間違反當時修正前選罷法第90條之1第2項之預備行賄罪，經基隆地院以88年度訴字第10號判處有期徒

刑7月，褫奪公權2年，並經本院88年度上易字第4090
號判決駁回上訴確定；然上訴人經判刑確定後，因逃
匿至大陸多年，致其行刑權罹於時效等情，為兩造所
不爭執（見原審卷第137頁背面至138頁），並有本院
88年度上易字第4090號刑事判決可稽（見原審卷第30
至34頁）。被上訴人主張上訴人自前開刑事判決確定
迄今未曾執行，該情形實與選罷法第26條第4款規定之
文義合致，故其當選無效。惟上訴人則抗辯，依法務
部99年7月1日法檢字第0000000000號函、中選會於99
年7月13日第404次會議討論第5案決議之意旨，其與選
罷法第26條第4款所定「尚未執行」之要件不符等語。
經查：

1. 本件上訴人所犯之預備行賄罪，其行刑權時效已消滅且
   刑期已無須執行，有基隆地院檢察署99年7月9日基檢達
   丙99執聲他字645字第16134號函可稽（見原審卷第108
   頁）。選罷法第26條第4款規定須判刑確定，「尚未執
   行或執行未畢」，始不得登記為候選人，依其文義解
   釋，如非屬「尚未執行或執行未畢」者，自得登記為
   候選人。而所謂「尚未執行」，係指應執行有期徒刑之
   刑罰，尚未執行，有待檢察官為入監執行通知之情形而
   言。至於行刑權罹於時效而消滅者，已係不得再執行刑
   罰，既不得再執行，應無「尚未執行」之問題。故不應
   逾越法條文義範圍，自行任意擴張解釋，將已罹於行刑

權時效而依法不得再執行刑罰，強作解釋爲合乎該條款規定尙未執行之要件。本件上訴人因行刑權罹於時效而不得再執行，自不屬選罷法第26條第4款「尙未執行或執行未畢」之範疇內，而得登記爲候選人。

2.選罷法第26條第4款規定：「犯前三款以外之罪，判處有期徒刑以上之刑確定，尙未執行或執行未畢。但受緩刑宣告者，不在此限。」旨在爲避免受有期徒刑以上之刑確定者，在尙未執行或執行未畢期間，如仍得參選成爲候選人，日後若當選，必須入監服刑或繼續在監服刑，無法執行職務之情形，因此，選罷法第26條第4款本文加以限制參選資格。而但書規定：「但受緩刑宣告者，不在此限。」即考量候選人雖受有期徒刑以上之刑確定，但受緩刑宣告，當選後並無不能執行職務之情形發生，故以但書將受緩刑宣告者排除在外。可知，選罷法第26條第4款立法考量，在於判處有期徒刑以上之刑確定，候選人當選後能否執行職務爲斷。本件上訴人雖受有期徒刑以上之刑確定，惟因行刑權罹於時效而消滅，已係不得再執行刑罰，並無入監服刑而不能參選或當選就職之情事，亦即上訴人並無不能執行職務之情形。足認上訴人不符合選罷法第26條第4款「尙未執行」或「執行未畢」之要件，易言之，上訴人符合候選人及當選資格，並無選罷法第26條第4款尙未執行或執行未畢之要件，自得登記爲候選人。

3.選罷法第26條第1款至第3款規定犯內亂、外患、貪污治

罪條及刑法第142條、第144條賄選罪，「經判刑確定」不得登記爲候選人，屬終身不得參選，而第4款則規定「犯前三款以外之罪，判處有期徒刑以上之刑確定，尚未執行或執行未畢。但受緩刑宣告者，不在此限」，非屬終身不得參選，雖經判刑確定，仍得參選登記爲候選人。上訴人所犯之預備行賄罪，不屬選罷法第26條第1款至第3款終身不得參選之規定，倘認行刑權罹於時效消滅，符合選罷法第26條第4款之規定，係將選罷法未規範限制終身不能參選之情形加諸上訴人，致使終身不能參選，進而剝奪上訴人終身參選之權利，不但不符比例原則，且對上訴人參政權之行使增加法律所無之限制，而剝奪其參政權，於法律保留原則亦相違背，足認上訴人並不符合選罷法第26條第4款規定之情事，而得登記爲候選人。

4. 法務部99年7月1日法檢字第0000000000號函：「是行刑權罹於時效而消滅者，僅是不得再執行刑罰，並非表示刑罰已執行完畢或是免於執行。又因已不得再執行刑罰，故與單純刑罰『尚未執行』或『執行未畢』之情形，亦有不同」等語（見原審卷第21頁）。又中選會依選罷法第7條及第11條規定，爲全國選務最高主管機關，亦針對上訴人個案於99年7月13日第404次會議第五案討論後決議：「公職人員選舉罷免法第26條第4款就因行刑權罹於時效而消滅者之參選資格規定並不明確，考量限制終身不得參選者，以有同法第26條第1款至第3

款規定之情事者為限，故本案不因不得再執行刑罰而認不得登記為候選人」等語（見原審卷第109至116頁）。並於99年7月28日中選法字第0000000000號函覆上訴人，略以：「曾犯公職人員選舉罷免法第26條第4款之罪，經判刑確定，因行刑權罹於時效，而未執行刑罰，尚不該當同條款『尚未執行或執行未畢』之要件，如別無其他消極資格條件限制，仍得申請登記為候選人」等語（見原審卷第62頁）。另中選會於103年12月30日新聞稿亦重申：「針對新北市議員蔡錦賢參選資格問題，中央選舉委員會30日表示，有關蔡錦賢之參選資格於民國99年新北市第一屆議員選舉時，即已提該會委員會議審議確定，公職人員選舉罷免法相關規定至今未作任何修正，此屆選舉該會乃依先前委員會議決議，審議其參選資格符合規定，維持該會決定之一致性，並無不妥」等語（見原審卷第117頁）。上開法務部99年7月1日法檢字第0000000000號函，及中選會於99年7月13日第404次會議第五案決議及103年12月30日新聞稿，對選罷法第26條第4款尚未執行或執行未畢之法文，解釋認定因行刑權罹於時效而消滅不得再執行刑罰者，不同於尚未執行或執行未畢，亦與本院所為上開認定相符。足證上訴人並不符合選罷法第26條第4款「尚未執行或執行未畢」之規定要件，自得登記為候選人。

（注）本判決因不得上訴而確定

26 某案四組法官判決皆不同／民事刑事判決歧異，又何必停止訴訟？／何者才是客觀？客觀之敵在哪裏？

執業律師四十年，我受委任辯護的刑案遠少於民事案件，但「戰果」尚佳，這裡想介紹一段「雙勝」的「奇遇」：

1、某件多層次傳銷及違反銀行法刑案，A、B二人被桃園地檢聲押獲准，被羈押了八個多月，桃園地院判決有罪，判刑十個月；

2、A、B二人於第二審才委任呂律師辯護，高等法院改判無罪確定，反敗為勝（101年度上易字第2604號判決，確定）。

3、B被羈押於桃園看守所時，認識「獄友」Y；

4、在另一案，因C主張其在江西夜市買肉串，被人撞到致竹籤插入眼睛，要求保險公司理賠，因訴訟過程缺錢，Y、D、E等人「出資投資」。保險公司向新北市警察局刑事偵察大隊告訴、偵查C「詐欺」，連同D、E、Y一起告入，新北刑警大隊於99年1月26日以北縣警刑七字第0990013948號函請桃園地方法院檢察署指揮偵辦，C及D、E、Y（楊某）等人被聲押獲准，Y和A、B成了「獄友」；

5、B獲改判無罪確定後，介紹已交保的「獄友」Y（楊某）來找呂律師擔任其第二審之辯護人，之前Y已於桃園地方法院被判決詐欺案有罪（100年度易字第708號），因Y自白「有罪」；

6、呂律師閱卷後，在「一堆卷宗資料」中發現Y在警訊

中涉被「不法取證（自白）」，經聲請法官同意勘驗錄影證明：「錄音錄影紀錄未全程連續」，員警告訴Y「別人都認了」、「你怎麼那麼多女人？……我不會拆穿這個，拆穿這個要幹麼，你老婆……我沒有跟你寫到這種事情……我們能幫你就儘量幫你，我們也不會跟你老婆說你外面都……很誇張耶，你昨天晚上去找誰？你自己知道……你還蠻厲害的，跟你的女人都對你很死忠……」（一名員警故意將紀錄員警支開，單獨告知）……（呂注：感謝高院法官同意勘驗錄影帶而得證上情）；

7、於是：台灣高等法院主要以「不法取得證據」為主要理由在103年度上易字第362號判決撤銷桃園地院有罪判決，改判Y等4人無罪確定。

8、至此，呂律師連續二件刑案「辯護成功」，「獄友」介紹「獄友」，二件完全不同的案件均由一審之「有罪」，於二審「改判無罪」確定！這樣的概率還真是小吧？二件之一、二審判決均完全不同。

9、接著，C在刑二審的過程中看到呂律師的「功力」，在刑案結束後，增加委任呂律師民事訴訟二審。在更早之前98年間的民事一審訴訟，C是要保人兼被保險人向保險公司投保意外險，C主張其於江西一隻眼睛因意外受傷失去眼球，乃向士林地方法院起訴請求給付保險金，士林地院於98年11月20日以98年度保險字第4號判

決C勝訴，保險公司應給付保險金；

10、保險公司於地院民事訴訟敗訴後，一方面上訴二審台
灣高等法院，另一方面向新北市警察局刑警大隊告C
等「詐欺」，C因與保險公司打官司沒錢了，由Y、
D、E等「投資訴訟費用」，保險公司一併把Y、D、
E等都告了。接著，新北市刑警大隊乃於99年1月26日
公文函請桃園地方法院檢察署指揮偵辦。

11、被告等4人沒有人把戶籍設在新北市，呂律師不懂為
什麼保險公司訴由新北（當時的台北縣）刑大偵辦？
更不懂：新北刑大為何不是函新北地檢指揮偵辦？而
「跨管轄區」向桃園地檢請求「指揮偵辦」，且由桃
園地檢成功聲押了C、D、E、Y等。

12、保險公司提出刑事告訴後，在民事訴訟方面，台灣高
等法院民事庭於101年3月23日裁定「停止訴訟」（99
年度保險上字第1號），因為：保險公司在民事訴訟
一審於98年11月20日被判敗訴後，上訴於二審台灣高
等法院，並以刑事告訴業經桃園檢以100年度偵字第
6973號、11637號提起公訴認定「C涉嫌自行以竹籤
插入眼睛製造保險事故」（注：C主張其買肉串被他
人撞到，保險公證公司也述及此點），由桃園地院以
100年度易字第708號案審理中，據此，保險公司聲請
民事訴訟之第二審裁定「停止訴訟」，待刑案判決確
定後再進行民事案二審。

13、刑庭一審如保險公司之期望，桃園地方法院以100年
度易字第708號刑事判決C、D、E、Y有罪。沒有想
到：刑事二審以警訊取得Y之自白涉「不法取證」而
改判C、D、E、Y均無罪。

14、俗話說：「願賭服輸」，然而保險公司以「告刑案壓
制要保人」，主張「民事二審訴訟應先停止訴訟，待
刑案判決確定後，再來審民事案」（主張：民事訴訟
法第182條：訴訟全部或一部之裁判，以他訴訟之法
律關係是否成立為據者，法院得在他訴訟終結前以
裁定停止訴訟），那麼，刑事訴訟既然已經「無罪
確定」，則依民事訴訟法第182條規定「……以他訴
訟之法律關係是否成立為據」的邏輯，「他訴訟」
（刑事）既已「無罪確定」，那麼，民訴應「以之為
據」，依刑案的無罪判決來判民事才符合「願賭服
輸」的邏輯，對於「有利」或「不利」的結果，應一
併接受。否則，如果民事、刑事完全「獨立」，那民
事訴訟就沒有「停止訴訟」的必要了！何必從99年1
月停止到104年9月間白白浪費了近5年。

15、然台灣等法院於104年12月15日以99年度保險上字第
1號判決改判4家保險公司勝訴，撤銷士林地方法院98
年度保險字第4號判決保險公司應付保險金的判決。
之後，D上訴於最高法院被裁定駁回而確定（並未委
任呂律師）。高院的理由略為：民事、刑事庭法官獨

立審判、刑案應由檢察官舉證，要求使法院「確信有罪」之事證；但民事訴訟由原告要保人舉證，不採刑事判決的結果。然而，呂律師認為「異常事實」應由保險公司舉證，因此一審判決保險公司敗訴了。但高院的「自由心證」卻和一審完全相反，法律的客觀性在哪？客觀性之敵在哪？

16、至此，總結本案怪異現象：（1）民事判決和刑事判決歧異，（2）民事二審判決與民事一審判決歧異；（3）刑事二審判決與一審判決歧異；（4）法官各判各的，法律的客觀性何在？（5）民事法院為什麼忽視員警「以非法式取得證據」？（6）為什麼向新北刑大告訴、偵辦？（7）新北刑大為什麼不向新北檢請求指揮偵辦，而向桃園檢請求指揮偵辦？（8）桃園檢聲押二件獲准羈押被告，桃園地院也判該二件有罪，但到了高院二件皆撤銷改判無罪，這概率太低了，竟然發生了。（9）呂律師承辦的刑案很少，但二件二審都改判無罪，這概率也太低了！竟然發生了。（10）法律客觀性的敵人在哪裏？

17、呂律師建議：（1）廢止民事保險專庭，尤其高院，不以○○年度保險字第××號為案號、不以「保險上字」為案號，不以「保險作字」，並避免法官夫妻皆在保險專庭。（2）呂律師建議：司法警察機關、檢、院尊重地域管轄制度。（3）呂律師建議：勿再

以「非法、不正方式取得證據」，對此方面之質疑，法院應認眞調查，高院刑庭做到了，但民庭不夠重視。

如此，或可提高法律的客觀性及減少客觀性之敵。

庶民沒錢沒勢，和財團的強大律師團打官司很辛苦，或許也影響了法律的客觀性。沒錢的C爲了打官司，找D、E、Y「出資投資訴訟費用」，D、E、Y也算「合理投資」，應不知在江西發生的情形爲何，但卻被捲入「刑事被告」並被「非法取證」，本案爲社會上了活生生的一課。社會上有一句話：投資要謹愼，果然。

27 魏教授打了二十年官司

底下介紹一個打了二十年的官司，各位也許很難想像，一個官司怎麼可能打了二十年還在打，我們的司法是不是太沒有效率了，但它卻是確實存在的案例。

前後打了二十年，這個案例發生在1988年的時候，有一個女性監察委員，她有二個兒子，大兒子魏教授很優秀，獲得美國數學博士的學位，現在在美國奧克拉荷馬大學教數學，他的弟弟發展沒有那麼好，因為身體的原因，也沒有很正常的工作，媽媽當然對二個孩子一樣愛護，1988年的時候，發展比較不順的弟弟去逝了，去逝的時候發生一個情形就是，這個媽媽平時就用弟弟的名義在銀行存了好幾筆的存款，當弟弟去逝的時候，因為媽媽平常存款用弟弟的名字但由媽媽保管存褶、印章，有關存款、提款都是媽媽在辦理，弟弟去逝的時候，媽媽仍然依照以前的往例，去銀行把款項提出來，可是弟弟的太太主張弟弟已經死了，怎麼還可以冒名去提款，但是魏媽媽認為不是冒名，而是依照往例，有存摺、印鑑就可以提款，媳婦就告媽媽和魏教授偽造文書，法院則認為因為人已經死了，用死者的名義去提款，沒有去辦繼承手續，用死者的名義提款，法律上就構成偽造文書，被台灣高等法院判刑確定（得易科罰金）。

這個哥哥魏教授就很不服，因為他們深知這錢其實就是媽媽的錢，1994年刑事判決確定以後，因為刑事還有一個附帶民事有關銀行存款二佰多萬，是不是媽媽應該對媳

婦負損害賠償的民事訴訟的問題，魏教授（哥哥）看到我曾寫過相關的書而來委託我，因為爭議牽涉到借名存款是不是屬於信託行為的問題，我有寫過一本書叫做《契約類型與信託行為》，當年台灣還沒有信託法，但是常常買農地、存款都是用別人的名字，這在法律實務上被定性認為是一種信託行為，魏教授看到我有這本書，他們的案子又牽涉到信託行為就是借名存款，所以就來委託我。

　　我從1994年就替他爭取權益，因為刑事訴訟已經判決確定輸了，照理民事會跟著刑事走的慣例，並不容易平反，但是經過我們一再的努力，從1994年打到2006年，最後我方終於獲得勝訴確定，因為媽媽的錢被證實是媽媽的，是在打了這十幾年的過程中證實的，中途媽媽也去逝了，但最後贏了，這個贏有幾個觀點，民庭認為：人死了以後去提款，雖然刑事構成了犯罪，但根據民法侵權行為的規定，必須故意過失不法侵害他人之權利，才負賠償責任。必須是「他人的權利」，才成立侵權。因此，銀行的存款究竟是兒子的錢還是媽媽的錢，是關鍵點，如何證明？這裡牽涉到銀行的存款的定存時間到了又去續存，就是存存提提的過程，裡面有太多的文件，是誰簽的？為判斷的關鍵。法院幾次都搞不定，高等法院判決以後，提出最高法院上訴，最高法院認為高等法院判決有問題就會發回更審，這個案子總共發回了四次，等於高等法院判決了五次，前面四次都判媳婦贏，比較從刑事案件推論過來判

媳婦勝訴，但是到最高法院每次都發回，因為最高法院比較注重法律，所以高等法院的前四次判決在法律上都有問題。

最後一次我在庭上我跟法官說：法官，高等法院前面四次都判媳婦贏，都沒有辦法獲得最高法院的支持，每次都發回，可不可以改一個方向，我們的主張如果沒有道理，最高法院不會每次都支持我們，可不可以尊重最高法院的意見，改判一次我們贏，我不知道這句話有沒有影響力，後來最後一次的高等法院真的判我們贏了，對方上訴，就被最高法院駁回，就判決確定，有時一個案子不能確定，高等法院法官換一個腦筋，換另外一種判決，就有可能獲得確定，所以法律存在蠻多的不確定。

因為不確定，但是魏教授非常堅持，從1988年堅持到2006年，中途他媽媽也逝世了，他仍然不放棄，最後終於獲得法院的勝訴，我問他說你為什麼這麼有毅力堅持，他說這是為了媽媽在天之靈，所以當最後勝訴的時候，想見他一定拿著判決到媽媽的墳前述說歷程，魏教授在美國大學裡面教書，幾乎每次開庭他都從美國飛回來開庭，這個精神讓我印象深刻，也就是他非常堅持他所信的這錢是媽媽的錢，放在弟弟的名字，卻被弟弟的太太來告，他覺得對媽媽不公平，所以當時訴訟標的存款只有二佰二十萬，他花的律師費、機票費遠超過這二佰二十萬，但是為了他的所信正確的事，做對的事，他非常堅持，經過二十年，

最後法院給他公平正義。

我相信有一句話叫「書中自有黃金屋」，我因為寫了《契約類型與信託行為》這本書，魏教授在茫茫人海眾多律師裡面找到我，我也接了這個案子，我就有律師的業務跟收入，這就是書中自有黃金屋，他除了我以外也有請別的律師，我剛才講過律師費超過二佰二十萬，不光只是我。

我認為熟悉法理，對法律視野的了解，也是非常重要，像在這個案子裡面，台灣高等法院前面四次判決不利於我的當事人，每次我們要上訴最高法院，有一定難度，因為，最高法院是法律審不是事實審，一般對事實審的上訴，你只要事實或理由不對你就可以上訴了，但上訴最高法院，你一定要找出原判決哪裡違背法令，這裡法律要非常強，你要說原判決哪裡違背法令，包括說原判決哪裡矛盾，哪裡判決不備理由，或高等法院沒有理由就做出結論，總之，要提出上訴最高法院的理由都是非常難的，我們在這個案子裡面，四次向最高法院上訴，我們都獲得撤銷高等法院判決的結果，你看這個非常不簡單，四次只要有一次輸，就輸掉了，你看我們四次沒有一次輸的，每一次都發回，所以我們的法律見解，我覺得蠻自豪的，對方的律師也是非常有名望，是一個女權名律師，蠻有實力的，但是最後法律上我方還是獲得最高法院的支持。

當然，魏教授的堅持，也持續的鼓勵我們一再努力持

續替他爭取，高等法院四次判決不利於我們，也是我們的挫折，有的人可能就換律師了，但是，魏教授還是認為我們的律師團隊是最好的，始終沒有換，前面找到我以前換了很多次，從1994年找到我以後，十幾年就沒有換過，這也不簡單，所以我感觸深刻。

28 銀行法與多層次傳銷管理法之客觀性及其敵人

113年1月31日在臺灣高等法院開庭，法官曉諭律師可以分析相關案例給當事人了解，我忍不住發言說：「我接辦過四件此類涉多層次傳銷及銀行法的案例，有兩件判無罪確定，有兩件判有罪，請庭上重視。」什麼是客觀？法官接著特別提「新的見解」。但「新的」就客觀嗎？以下特別介紹一件無罪的案例：

一、臺灣高等法院判決先例認定「不成立銀行法」的案例，祈請參考（101年度上易字第2604號，確定）

　　「……再銀行法第29條之文義意旨，可知所謂以「收受存款論」，係指收受款項、吸收資金者，於收受、吸收資金後，於存續期間內，有給付與本金不相當之紅利、利息、股息或其他報酬之約定，始克相當，即其約定或給付之紅利、利息、股息或其他報酬，乃收受者使用所收受資金之存續期間依本金一定比例當然發生，具有類似利息之法定孳息性質者，始為該條項所指「以收取存款論」。依上開「純資本運作計畫」之運作方式，其對外招募下線，**是否核發介紹會員入會之「獎金」，係取自於「有否招攬新會員之行為」而發給，具不特定性，即被告所發給之獎金須取決於未來時間會員本身招攬新會員入會之一定條件成就，方能取得，若整個組織網不能持續招募新會員，則先加入之會員將無從獲取任何獎金，亦即會員**

尚需有一定之作為，始能有一定之回報，如會員未有特定作為，非但無報酬可言，會員亦僅能取回部分之本金，顯與銀行法第29條之1所謂「收受存款」，不論其存款為零存整付、整存整付之型態，或以每月獲取固定利息方式，向不特定人吸收資金，約定出資人除能領取約定之利息外，尚能收回本金等情有別，要難以收取存款論」，核與銀行法第29條規定「收受存款論」之要件不合，自不得遽以銀行法第125條第1項違反第29條第1項規定之非銀行不得經營收受存款業務之罪名相繩。……」（附件一：臺灣高等法院101年度上易字第2604號判決，確定）

上述判決未上訴、確定，祈請鈞院參考，就「銀行法」之部分，判決不成立。

二、依公平法第46條規定之意旨，應排除「銀行法」

公平交易法第46條規定「事業關於競爭之行為，優先適用本法的規定。但其他法律另有規定**且不牴觸本法立法意旨者**，不在此限」；此規定「學問很大」，查其立法意旨宣示公平法應排除銀行法規定之適用，否則公平法傳銷法令在「銀行法」之抑制下，難於健全發展，幾乎成為虛文。

傳銷法令也是公平交易法之領域（舊法規定於公平法），為公平交易委員會所主管，「其他法律」之

銀行法不同於公平法之立法意旨，自不應適用，以免傷及公平法之立法意旨即准許傳銷事業。

三、參加傳銷之人並不是「明知非銀行不得……」

原判決「事實」欄第四行「……均明知非銀行不得經營收受……」，係法律人用的「濫調」用以入人於罪，本件參加人只是參加傳銷，腦中從來沒有想到「銀行」、「非銀行……」這件事，顯然並非「明知……」，祈請尊重「客觀事實」！至少不要寫「明知」二字！

四、與其殺不辜，寧失不經，古有明訓

前述高院判決已認定「不成立銀行法」，已有「先例」，應予以尊重。雖然法律人不時有「不同見解」，學術宜寬廣容許各種不同見解，但刑庭應（宜）避免用「自認為高超的法律見解使入人於罪」，古有明訓：「罪疑惟輕，功疑惟重，與其殺不辜，寧失不經」（尚書‧大禹謨），基此精神，應「從寬」依101年之先例認定「不成立銀行法」，以免違反憲法之平等權及可能列入「史記酷吏列傳」。

五、什麼讓法官過勞、這麼辛苦？我們這一代的法律人這樣幹？／打了十一年的訴訟還沒結束

1、近來夜讀本件147頁的更審前高院刑事判決，它被最高法院撤銷，發回更審，最高法院指出高院判決中有三十五個地方「違背法令」（含判決不備理由、矛盾），並且，最高法院把收審的兩個案子「合併」由一個判決，而於判決中出現「原判決」（指二判決）、「甲判決」、「乙判決」三個名詞，因此，接著接辦更審的高院「中大獎」等於一次「接二案」，而不是由兩股法官各接一案，並且其工作量可能不只是「算術級數」的問題，而是「幾何級數」的問題。此外，被告、律師所需花費的時間、精神也是大增的。最高法院為了自己工作的方便（二案寫一判），卻大幅增加了高院法官、被告、律師群的大量工作，宜乎？這在我四十年律師生涯中也是首次大開眼界，一般最高法院只要抓住1-3個「違背法令」就發回更審了。

最高法院「真認真」指出三十五個問題，反之，辦了好幾年才好不容易寫出147頁判決的高院法官也很辛苦，被指「錯」這麼多，會有何感受？接著更審的高院法官又如何進一步釐清三十五個問題？很可能又要久拖。發回後過了兩年又換了

一個法官，可以說現在（2023／11／6）才又剛開始。我則感覺三十五個問題及其他問題太多，可能已經超出「人」有能力處理的範圍。法官是人？還是神？法官們彼此還有這麼多歧見，怎麼判的安心？十分之九的法律細節，只有唸法律的才會關心，不是一般人民在意的。

此案辯護人想提出「檢方一再併案、傳銷本質人多，不當起訴銀行法拖久未決、被告也可能付不起律師費使辯護權空洞化，有的判無罪，有的判有罪，違反平等權，這樣的司法制度、程序違反人性尊嚴、平等權、人權」。

2、類似案例經十一年還沒有結束

同類案例像這麼厚的判決，過去辯護人曾接觸一案法官兩年判不了，又換法官，那年紀已經五十歲的被告一聽到換法官，立即哭倒在地上哭泣，淒厲的喊叫「快判我死刑好了」，已經被折磨的失去正常答辯、進行訴訟程序的意志，我詞拙，勉強套用法律名詞，近於「心神喪失」的狀態。令我上了一堂深刻的「活法」課（living law），不同於書本及教授論文中的「書本法」（book law）！

好不容易拖過了一審判決，已經四年，檢察官上訴二審又一直併案，連一向自認在收費方面也算是能委屈自己的我，也不敢再接辦上訴審了，甚至當事人

都付不起甚至十分有限的律師費了，更不必說合理的律師費了……辯護制度就這樣被虛化……2017年我「逃離」了那個案子，沒想到2023年11月3日又看見最高法院於2023年8月又發回該案的判決，略讀之，十分感慨。當年新北檢起訴的案號是101年度，也就是說經過十一年了還沒結束，還在高院更審，很可能再拖個3-5年能結束，已算「幸運」。判決發回的最高法院審判長已升任成「大法官」，他應該不知道判決中的被告多年前曾經在法院倒在地上哭泣、淒厲喊叫「快判我」，但她知道其中有二名被告已在第三審中死亡，法官們在判決書中對此二人改判「不受理」，其他人發回更審。已經有二位被告已於十餘年的訴訟過程中死亡，檢察官、法官有感無感乎？……

3、什麼讓法官、檢察官過勞？這樣的制度、程序沒有問題嗎？

另一角度，法官也太辛苦了，寫了147多頁的判決又被最高法院發回更審了，高院的另三位法官繼續再審、再寫147頁人民大部分看不太懂的判決，像另一類似案例都有被告死了，最高法院還有那麼強的必要一定要發回嗎？不需要檢討制度及做法嗎？高院不維護自己101年上易字第2604號判決「不成立銀行法」的權威性，誘使新北地檢署「好勝」之檢座一再起訴、併案，祈請鈞院依101年度上易字第2604號判

決意旨，判決不成立銀行法，終結這種不合理的現象。恐怕也是造成法官過勞的原因之一吧？

感慨萬千，夜難眠，估且讀一段古書為自己解愁：

孔子曰：「導之以政，齊之以刑，民免而無恥。導之以德，齊之以禮，有恥且格。」老氏稱：「……法令滋章，盜賊多有。」太史公曰：「信哉是言也！法令者治之具，而非制治清濁之源也。昔天下之綱嘗密矣，然奸偽萌起，其極也，上下相遁，至於不振。當是之時，吏治若救火揚沸，非武健嚴酷，惡能勝其任而愉快乎？……高后時酷吏獨有封侯，呂后已敗，遂禽，夷封侯之家……其後有致都、寧成之屬」（《史記・酷吏列傳》）。在「酷吏」列傳之中，比起揣摩上意、曲人於罪、收賄的其他酷吏，致都應該是比較好的，他廉潔、威嚴，但不近人情，為了懲治豪強，殺伐較廣，連王侯、豪強、邊疆的匈奴都怕他，淮南王案由他審，被押的淮南王要求紙、筆寫信，他也不答應。因此結怨，若干年後，他也被太后指犯法被殺了，連漢景帝想救他都救不了，我不太能全懂司馬遷為何也把他列為酷吏？或許是司馬遷的「標準」較高，不近人情也是。兩千年後，我們應該「進步」或不落後他吧？

29 律是八分書，以類而推；法學方法與王澤鑑教授、梁慧星教授、黃茂榮大法官

我個人在台大法律系及研究所學習法律前後十五年（大學四年、碩士三年、博士八年），得有很好機會，受名師、良師教誨！1973年上王澤鑑老師的民法總則，1985年起至1991年跟王老師寫博士論文，可以說是王老師「法學方法論」的忠實信徒，「雖不能至，然心嚮往之」，所以跟他寫博士論文《勞動法之法源及其適用關係之研究》。

　　王老師的法學方法論，使法學尤其是民法，變成「科學」而不是法律人的「恣意」，讓法律人的推理、法律解釋、適用循著文義、體系、歷史、利益衡量、發現法律漏洞、填補漏洞、類推…等規則、方法進行，倘法律人均按此規則、方法，則主觀與主觀之間，即有可能形成「間主觀」的客觀，使法學由情緒之學成「科學」（Wissenshaft）！王老師的法學方法論已成台灣及大陸法律人的「通說」，影響至廣至遠。1982至1985年我寫碩士論文《融資性租賃》是一個新的交易類型，在法律上沒有規範，是一個大的法律漏洞，如何規範？

　　如何填補漏洞？我的指導教授是黃茂榮老師（後任大法官），也是「法學方法論」的大師，他也是王老師指導出來的。我跟著王老師、黃老師學習多年，以法學方法，大力填補「融資性租賃」之法律漏洞，其後也打了二十個融資租賃的訴訟，非常有趣！

　　有時遺憾法院對融資租賃知識之不足，有時又喜悅法院之智接受我所主張之法律補充。在一九九九年看到大陸「合同法」立法，於第14章第237至250條規範融資租賃合同，甚感欣慰，十多年來，我們在學說上的主張竟變成立法例，中國大陸在這方面的立法，是世界最進步的！比德國、日本更進步。在大陸，像梁慧星教授也大力提倡法學方法論。

　　從事法律工作，一忙就是三十年。近來，較有閒散心情看看儒家、理學書籍，看到兩段文字和「法律漏洞、類推適用」有關，覺得很好玩。

　　現在我們欣喜於「改革開放」的成功，不免也會想起歷史上的另一面「失敗的改革」：王安石變法。其失敗之原因如何，現在還說不清！但王安石講過一句話「律是八分書」，卻很有道理！連他的政敵之一「舊黨」理學家程頤都說「介甫言『律是八分書』，是他見得」（程頤‧《程氏遺書》），其後南宋朱熹在編《近思錄》時，共編者呂祖謙說服朱熹，將這一則「介甫言」也編入「近思錄」中（卷三，第14段），形成《近思錄》中，王安石言論之惟一出現者！也顯示程頤、朱熹不「以人廢言」，認同王安石所謂「律是八分書」！用現代的話來講，法律頂多規定了八成的事，還有兩成法律沒有規範的社會事務，法律存有法律漏洞。沒有辦法用法律處理所有的事

務，法律是不夠的，儒家所講的「德」、義理也是很重要的規範。

當存有規範的「漏洞」時，如何填補漏洞？《近思錄》作爲朱熹、呂祖謙所合編，集合北宋四子（二程、周敦頤、張載）之言論精華，另有一則：問：「如何是近思？」曰：「以類而推。」（出自《程氏遺書》，引自《近思錄》卷九），這不就是「類推適用」嗎？看來，傳自現代西洋的法學方法，也與東方古人的智慧「近思」有相通之理，誠如陸象山所云「東海有聖人出焉，此心同也，此理同也。西海有聖人出焉，此心同也，此理同也⋯千百世之上至千百世之下，有聖人出焉，此心此理，亦莫不同也」（《陸九淵年譜》）。

然而，「近思」（以類而推）和本章主題孔子有什麼關係呢？《論語・子張篇》：「博學而篤志，切問而近思，仁在其中矣。」，「近思」一語出自《論語》，宋儒受孔子影響，將其「宋版的現代化」，曰：「以類而推」並編成《近思錄》的巨著。又過一千年，到了二十一世紀的現代化，則爲法學方法、填補漏洞、類推適用。

30 理學、心學、事功之學、文學在現代法學上之運用

——人勝法，則法爲虛器；法勝人，則人爲備位；人
　　與法併行而不相勝，則天下安（蘇軾）

1、社會科學之客觀性與方法論

　　一千年來，程朱理學、陸王心學及陳亮、葉適功、用
之學的形式影響中國人思想甚大，天下非程朱即陸王，或
轉爲經世之實學。呂祖謙於公元1175年召開鵝湖會，試圖
調和朱、陸思想之爭論，其有關求同存異、泛觀廣接，不
私一家之哲學思想，相當於西方之社會科學之客觀性及方
法論，特有益於當今。

　　作者以法學爲業，從楊日然教授、王澤鑑教授、林文
雄教授深習源自西洋之社會科學之客觀性、價值相對主
義、邏輯經驗主義、新康德學派之法學方法論、馬克思・
韋伯所論之「價值中立」、Karl Popper將「反證可能性」
作爲客觀性之學說，在法官之自由心證中求生存，關心判
決是否客觀之無數案例，亦驚覺呂祖謙之方法論與言論，
與法之客觀性及社會科學之客觀性同義也。

　　尤其，台灣之政治人物出自法律界，更應該帶頭推廣
此客觀性之認識，以廣大爲心、求同存異之作爲，否則，
天下不寧。

　　此外，兩岸之和平發展及求同存異，關係至大，呂祖
謙之言論亦切用也。

2、理學在法學上之運用：法理、事理、證據

「你講不講理？」、「有理走遍天下，無理寸步難行」，已成人們口頭禪，可見世人無形中受理學影響甚深！因此，雖曰「公說公有理，婆說婆有理」，然而，至少相對之各方都應講理，爰輯呂祖謙關於理學之言論。

理學運用於法學上，不只是法理，還包括事理及證據，誠如1977年陳傳岳大律師教余，「你法理沒問題，須加強事理」，會事理與法理同重也。尤其，當法無規定或有解釋空間及自由心證之空間時，更應明事理。甚至，理想之法律本身亦係依理而制定。違反事理之法律為惡法，應予修訂。理與「自然法」相通，理之細節隨時代而變遷，但根本之天理不變，亦同於德國法律哲學家Stammlen所說的「內容可變的自然法」。

3、心學在自由心證之運用

天下事，雖依理而已，但「理一分殊」（如原、被告都要求法官「公平」判他贏），「公說公有理，婆說婆有理」，爭執雙方說破了一堆理，甚至各有各的理，但是，回到本源，也可能只是「心」怎麼想而已！心一改，諸理即現。

呂祖謙同朱熹、張栻一樣是理學大家，但也不排斥

「心學」，泛觀廣接各家說法，不私一說，是其特色。特輯其關於心學之言論。

運用在法學上，心即「自由心證」，雖自由心證非絕對自由，須依據法律、法理、事理、證據、判例、學說、證言，但這些浩瀚依據，最終敵不過法官之自由心證。

運用在政治上，很多政論節目及名嘴說了一大堆理，其本源或只是「藍心」或「綠心」而已！

以下特別摘錄陸九淵關於本心與訴訟之關係之論說供參考：

・斷訟是本心

四明楊仲敬（簡）時主富陽簿，攝事臨安府中，始承教於先生。及反富陽，三月二十一日，先生過之，問：「如何是本心？」先生曰：「惻隱，仁之端也；羞惡，義之端也；辭讓，禮之端也；是非，智之端也。此即本心。」對曰：「簡兒時已曉得，畢竟如何本心？」凡數問，先生總不易其說，敬仲亦未省。偶有鬻扇者訟至於庭，敬仲斷其曲直訖，又問如初。先生曰：「聞適來斷扇訟，是者知其為是，非者知其為非，此即敬仲本心。」敬仲忽大覺，始北面納弟子禮。故敬仲每云：「簡發本心之問，先生舉是日扇訟是非答，簡忽省此心之無始末，忽省此心之無所不通。」…（《陸九淵集・卷三十六・年譜》，中華書

局版，487~488頁）

（編者注）

　　現代法官常在諸多證據、法理、事理堆中「自由心證」，自由心證亦為「本心」，是正或非正，豈可不自重哉？如為是，則每案皆如聖人功德事。

4、事功之學在法學上之功能

　　部分理學家批評「功利」說！然而，今日在資本主義之下，反而是極端功利社會，以鴻海、富士康、台塑、台積電等企業養民或八十萬人或數萬人，不同於千年前之農業時代，是理學、心學應不排斥功、用之學或事功之學，爰編輯理學家呂祖謙關於兼容功、用、力行之言論，以切用於當代。此部分係呂祖謙重史學，亦與「功利學派」陳亮、葉適等人為友之原因，而不同於其他理學大家。

　　運用於法學上，法官之判決宜考慮「社會觀感」及法的社會功能，勿成為大眾所認為之「恐龍判決」。惟「事功說」只是參酌，不能採取極端的功利主義，畢竟，司法應獨立，不宜過重的牽就社會觀感而為判決，但判決不應孤立於社會功能。

5、文學在法學上之運用

　　文學既可載道，亦可歌詠人生，陶冶性情。少了詩、文，人生也太無趣了。呂祖謙重文學，編《文海》、《皇朝文鑑》，喜三蘇文，作〈古文關鍵〉一文，評述、標注唐、宋大家之文章，奠定「唐宋八大家」之基礎，而別於其他理學家視文學為「玩物喪志」。

　　運用在「法律」上，法學家、司法官、律師之論文、判決、訴狀均須以「文」表達，切忌「詞不達意」！好的法學論文、判決、訴狀，情、理、法兼備。

31 現代執法仍宜以仁、義、智為本心，結合程朱、陸王，兼容儒、法

——斷訟是本心 （陸九淵）

——讀介甫書，見其凡事歸之法度，此是介甫敗壞天下處。堯舜三代皆有法度，亦何嘗專恃此… （陸九淵）

　　理或自然法直接天理，但就像Stammler所稱「內容可變的自然法」一樣，因人、時空而不盡確定，是以：現代法以盡可能之文字之構成要件及法律效果，使規範盡可能明確化。然而，「一法立，一弊生」（明・顧憲成），法之立，必有所弊，如認法為萬能或無弊，執法以逞怨，亦必苦天下之人，誠如蘇東坡所說「小人以無法為奸，亦能以法為解，以法為奸」（蘇軾・《策別課百官三》），又云「人勝法，則法為虛器；法勝人，則人為備位…人與法併行而不相勝，則天下安」（蘇軾・《應制舉上兩制書》），強調「人」與「法」的作用，以救法之弊，執法在「人」。蘇東坡又指出：王安石變「法」用人不對，就不對。對於王安石變法的失敗，陸九淵言簡意賅說最清楚，可以作為「法之警戒」：「讀介甫書，見其凡事歸之法度，此是介甫敗壞天下處。堯舜三代雖有法度，亦何嘗專恃此」（《陸九淵集・卷三十五》），警戒「法」須與「人」並重，與蘇東坡同其意思。

　　講到人呢？可能是「仁」人，也可能是「不仁」之人。當今之司法制度，檢察官擁有許多裁量權，經其起訴

者，恐免不了三年、五年甚至十年跑法院，就看法官對證據之「自由心證」了，故執法當以儒家之「仁」共勉，律師代當事人告人也是一樣，否則，多人將苦於訴訟程序。例如，同樣是聚眾抗爭，在紅衫軍或326一案，台北的檢察官只以違反集會遊行法起訴，反之，高雄319一案則加上妨害公務起訴，高雄檢就較「不仁」了。誠如呂祖謙所言，「勿藉理以逞怨」，於今則「勿藉法以逞怨」。

然則，天下之理必有對，對犯罪人「仁」，其反面就是對被害人「不仁」，故執法之不易，儒家亦云「過慈則近於姑息，反所以害人」，即也應考慮到「義」、「智」的問題。2011年7月間，有日籍女子申訴在新北市永寧捷運站被計程車司機性侵一案，板橋法院法官裁定涉嫌人以五萬台幣交保，被人們批為「恐龍判決」，輕縱嫌犯，即為適例。經檢察官抗告成功後，同一法院裁定收押。如此一來，法官之「自由心證」，實在差很大！如此，亦有法官受傳媒所迫而裁判之缺失！倘當時法院以一百萬為重保而取代五萬，或許較為「中庸」吧！

基三十年執業律師之經驗，深感現代法律所保障之人權是對傳統「儒家」之改造，但「變法」之後，亦應避免片面就法論法之弊病，須以仁心執法，結合程朱理學、陸王心學的方法論，兼容儒、法的特色，才不會造成大錯。判例就是「信」了。願與法律界共勉。

國家圖書館出版品預行編目資料

法律的客觀性及其敵人 / 呂榮海著. -- 初版. -- 新北市：華夏出版有限公司, 2024.06
　面；　　公分. - -（鵝湖蔚理文叢02；003）
ISBN 978-626-7393-50-5（平裝）
1.CST：法律哲學

580.1　　　　　　　　　　　　　　　　　　113003890

鵝湖蔚理文叢02　003

法律的客觀性及其敵人

著　　作　呂榮海
編輯策劃　蔚理有限公司・臺灣鵝湖書院
　　　　　臺北市103大同區錦西街62號
　　　　　電話：02-25528919
　　　　　Mail：Penny9451@gmail.com
出　　版　華夏出版有限公司
　　　　　220 新北市板橋區縣民大道 3 段 93 巷 30 弄 25 號 1 樓
　　　　　電話：02-32343788　傳真：02-22234544
E - m a i l　pftwsdom@ms7.hinet.net
印　　刷　百通科技股份有限公司
　　　　　電話：02-86926066　傳真：02-86926016
總 經 銷　貿騰發賣股份有限公司
　　　　　新北市 235 中和區立德街 136 號 6 樓
　　　　　電話：02-82275988　傳真：02-82275989
　　　　　網址：www.namode.com
版　　次　2024 年 6 月初版一刷
特　　價　新台幣 550 元　　（缺頁或破損的書，請寄回更換）

ISBN-13：978-626-7393-50-5
《法律的客觀性及其敵人》由呂榮海先生授權華夏出版有限公司
出版繁體字版